전원시편

전원시편

고은 시집

민음의 시 1

민음사

시인의 말

 이 시집은 시집 『조국의 별』 이후에 한 작업으로 1984년 가을부터 딱 일 년 동안 다달이 열 편씩 지어낸 것과 거기에 어울리는 몇 편을 보탠 것이다. 내가 서울을 떠나서 살고 있는 경기 땅 남쪽의 농촌 일대는 어느 농촌과도 별반 다른 곳이 아니다. 그런 점에서는 나는 한 군데서만 사는 것이 아니라는 생각도 해 본다. 이 시집이 오늘의 농민·농업·농촌 문제 일반이 일으키는 보편적인 정서의 소산이라는 근거가 여기에 있음 직하다.
 이 시집의 분량 이외에도 앞으로 약 오륙백 편쯤 더 쓰게 된다면 내가 기울이는 이 방면의 작업을 그만큼 흡족하게 마감하리라. 농촌의 구석구석과 농업의 온갖 사정 그리고 농사꾼의 사시사철 삶의 내용을 위해서는 더 많은 나의 노력이 삶은 논에 채워진 가득한 물처럼 바쳐져야 마땅하다. 뿐만 아니라 나는 삼십여 년 전 내가 고향을 뛰쳐나오기까지는 한 어린 농부였다는 사실에 이어서 몇 해 동안만이라도 직접 농사를 지어 보려고 꾀한 바도 없지 않았다. 여의치 않았다.

  이제 나의 다른 일정이 있어 일단 이 시집을 필두로 하는 농민시편의 작업은 미룬다. 머지않은 장래에 나는 이 과제에 한 오 년쯤 푹 빠져 볼 심산이다. 하지만 그럴 만한 복된 기회가 있을지 알 수 없다. 세상이 수상하다.

  삼 년 전 아침저녁으로 골병든 몸에 농촌의 공기를 들이마시기 시작하면서 나는 새삼 깨달은 바가 있다. 그것은 내가 서울에서 떠난 것에 대한 변명까지 포함된 것인지도 모른다. 즉, 내가 한 엄연한 삶의 현장에 존재한다는 것과, 내가 사는 농촌 일대와 관련해서 농민문학은 농촌 현실을 다루는 문학으로만 규정되는 것은 퍽 잘못이라는 것이 그것들이다.

  과연 농민문학은 당장 민족 문학의 본질적 위상에 있지 않으면 안 된다. 왜냐. 농민이야말로 민족의 본질이기 때문이다. 그것은 최대 인구로서의 농민이 우리 근대사회의 잘못된 변동에 따라 해마다 축나고 있는 농촌 소외에 대한 깊은 인식과 함께 민족 현실의 가장 절실한 문제에 연결되어야 할 줄 안다.

  그러나 생각보다 훨씬 엄청나게 우리가 제쳐 두고 있던 민족의 본래면목이 농민의 삶 속에서 놀랍게도 지켜지고 있다. 그것은 우리에게 큰 희망이다.

나는 이 시집에서 이른바 시 언어를 전연 철퇴시키고 있다. 우리가 의존해 온 시어라는 것은 거의 생명과 무관하다. 농민의 말, 농촌을 유지하는 일상 언어만으로 시를 만든다는 원칙 아래서 나는 퍽 자유스러웠다.

따라서 나는 농업 사회의 어떤 현상도 시의 싱싱한 규범으로 삼았고 농사꾼의 막소리 된소리까지도 시의 표현 현장으로 새삼 확인한 바 있다. 이런 경우 농촌을 하나의 소재 대상으로 삼는 문학 소재주의는 되지못한 짓이다. 오늘날 문학에서의 소재는 그것을 뛰어넘어서, 소재가 작가의 시각에 들어오는 객체로 되는 것이 아니라 문학과 현실이 고도의 생명 관계를 성취하는 데서 바로 창조의 전 영역으로 발전한다. 이와 함께 문학에서 체험이라는 것도 그것의 실천 단계와 동떨어져 다만 소재에 대한 일시적인 접촉으로 알고 있는 그동안의 어리석음을 뉘우쳐야 하겠다.

거칠게 말한다면, 앞으로의 민족 문학의 본분은 농민문학의 구현없이 지탱될 수 없을 것이다. 농민문학은 민족 현실에 고향을 부여하고 민족 문학은 그 고향의 삶의 전형을 통해서 고루한 상투주의를 충실하게 이겨 내게 될 터이다.

나는 이 시집의 작은 소원 하나를 말하고자 한다. 이것으로 하여금 사람들에게 '삶의 고향'을 찾아 주는 데 있다. 그것의 성취 여부가 이 시집의 목적을 밝혀 주리라 생각한다. 그러나 그 고향이란 지금 아픔이다.

오늘날 농촌 사회는 우리 민족 전부에 대한 크나큰 경종이다. 마을은 천부적이기까지 한 바 있다. 마을! 거기에 하필 마을이 있다는 것은 실로 벅찬 감격이다. 이 감격을 한 아름 부여안고 그 경종을 들어야겠다. 농촌은 내국 식민지이다. 그러나 이곳 농촌 생산자들의 삶의 질곡을 부수는 일은 하루 이틀의 일이 아니다. 물론 그것은 민족 해방의 차원에 속한다. 이 일의 하나가 되기에는 한 편의 농민 시는 미미하기도 하려니와 또한 큰 힘이 될 때도 없지 않겠다.

이 시편들을 짓는 데는 먼 데서 온 농민들의 격려 편지도 도움이 되었다. 또한 내가 살고 있는 마을과 이웃 마을의 농사꾼 친지들의 지지는 분에 넘치는 것이었다. 각처에서 보내 준 독후감들 역시 잊혀지지 않는다. 또한 이 시편을 연재하는 동안 애쓴 신동아의 김종심, 윤재걸 씨한테 감사한다. 이 시집이 1960년대 후반 이래 시대의 바람 속을 함께 살아온 민음사에서 나오는 것도 감개 있다. 벌써 몇 번째인지 모르겠다.

이 시집과 관련해서 '전원'이라는 말에 대한 언급이 있어야 겠는데 바로 이 점을 포기한다.

나는 이 시집을 고향의 뒷동산에 묻혀 있는 내 아버지의 백골 앞에 바치고 싶다. 그는 내 회한 속에서 살아 있는 농민이다.

1986년 1월

고은

차례

시인의 말

머리 노래

1
저녁 논길　21

빈 논　23

송내 가서　25

아버지　26

알타리무 밭에서　29

분꽃　32

풀을 베며　33

안성천　35

하루　36

볍씨를 갈무리하며　37

추석 이후　39

나들이 길　41

건달　45

어린 손자와 함께　46

편지　48

2
가을을 보내면서　53

제비　55

벼를 털며　57

한숨만은 꺼내지 말자   59

논 배추 둘러보며   61

송아지   62

곡   63

거름 내는 날   66

서리   68

초겨울   69

3

안개   73

노는 사람들   76

공판장 다녀오며   77

어느 날   78

첫눈   80

칠순 잔치   82

소와 함께   84

연기 한 가닥   86

빨래   87

봉모 할아버지   88

4

딸   93

밥   95

집안싸움   96

반장 안 씨 98
송아지 100
밤중 101
잔소리 103
신정 무렵 104
비닐하우스 106
전보 107

5

이른 아침 113
미양 고모 116
뒷산 118
입춘 120
고샅길 122
밤 124
초사흗날 126
객토 127
하루 129
두레 소반 130

6

진만이 졸업날 135
항아리 138
쥐불 140

아낙네들　142

얼었던 논　144

논물　147

집 안팎 쓸며　148

강아지　150

제사　152

냇둑　155

7

하늘　161

가로수　163

삼줄　165

개구리　166

뒤엄　167

대동 놀이　169

마늘 밭　171

농로 보수　172

못자리　175

병든 사람　177

버드나무　179

달룽이 어머니　180

꿈　184

한식　186

8

삽   191

노래   194

이만 오천 원   196

꽃   199

못자리 다시 하며   201

써레질   203

모심는 날   205

동전 두어 개   208

코 고는 소리   209

며칠 뒤   210

9

어린 논   215

참   217

짧은 밤   219

목간   221

물   223

칠성이 마누라   224

반말   226

풀   227

밭 한 뙈기   229

철렁! 철렁!   230

10

단오   235
동행   238
아이들   240
싸움 한판   242
이백 명   244
피사리   246
중간 물떼기   248
오이   250
파리   251
장날   252

11

저녁 바람   255
복더위   256
정자나무 밑   258
가짜 놀이   259
논두렁 거스르기   261
새로운 물   263
멸구 손자   265
뭉게구름   266
깨 밭   267

12

남새밭　271

말순이　273

옥수수　275

구월 논두렁　277

할아버지　279

농공 단지 어쩌구저쩌구　280

칠월비 깎고 나서　282

나락 물결　284

장날　285

하늘　287

작품 해설 / 최원식
일이 결코 기쁨인 나라　289

머리 노래

내 원시 조선과 부여 이래
몇천 년 세월 살고 죽어
이 땅의 선은 오로지 농사꾼이었습니다
온갖 악 넘나들었건만
이슬 밟고
별 밟고
한 톨 쌀 내 새끼로 심어서
조상으로 거두는 농사꾼이었습니다
오 한 겨를 거짓 없음이며
몇천 년 뒤 오늘일지라도
이 땅에서 끝까지 내 나라는 농사꾼입니다
들 가득히 가을이건대 울음이건대

1

저녁 논길

벌써 별 하나 떠 이 세상이 우주이구나
마른 풀 냄새 한철인 마을에도
아껴 쓰는 전등불빛 여기저기 돋아난다
나는 돌아가는 저녁 논길을 외오 걸으면서
달겨드는 밤 물컷 이따금 쫓고
한편으로는 엊그제 흙에 묻힌 남동이 영감을 생각한다
죽음이 산 사람의 마음을 깊게 하는지
나도 그 영감 생시보다는 손톱만치 달라져야겠구나
어둠에 더욱 정든 논 두루 돌아다 보아라
지난 해보다 도열병 성해서 얼마나 품도 애도 더 먹었는지
여든여덟 번이나 손이 가는 농사가 일 년 농사 아니냐
아무리 쌀농사 헛되고 빚지는 가을이건만
가을은 가을답게 부지깽이도 덤벙대도록 바쁘다
진정코 여기서 떠날 줄 모르고 놀 줄 몰랐다
살아 보면 세월은 사람에게 큰 것이 아니라
어느 누구에게도 가장 작은 것이다
돌아가는 길 저녁 논길이 오늘따라 으리으리하게 조용하구나
가물에도 뒤 장마에도 병충해에도 실컷 커서

말없이 이삭 팬 벼가 우리에게 어른이 아니고 무어냐
어서 가자 가서 매흙 냄새 나는 이 몸으로
내 새끼 한 번 겨드랑 받쳐 번쩍 어둠 속에
들어 올렸다 넉넉잡고 한 나라로 내려놓자꾸나

빈 논

느지막한 재래종 벼까지 다 베고 나니
벼 갈무리에 곰팡이 슬지 않도록
온도 습도가 사람 몇 몫을 한다
아무렴 일과 일 사이 길이 나서
어드메 훨훨 다녀올 사람이나
좀 볼일 보고 올 사람 그 길로 나선다
한결 세상이 훤하구나 훤하구나
나야 아직 갈 데 없이 추운 들에 나가면
벌써 내 마음 배불러 한나절 밥 생각도 없다
어디에 이토록 깊이깊이 정든 곳 있으랴
말없이 실컷 기쁘기도 한 날이여
여섯 달 일곱 달 내내 일한 땅이라
벼 베고 난 텅 빈 논일지라도 시장기 없는 논이구나
저 언덕 장구배미까지도 그윽하게 쉬어 보아라
사람도 수고했거니와 땅의 수고 앞서지 못한다
벼 그루터기 파란 새싹 똑똑하게 돋아나서
내년 봄 흙들이할 때까지
아니 무서리 다음 싸락눈 내릴 때까지
이 세상을 잠깐이나마 살아 보아라
이제야 우리 아기 투투투 투레질해도 걱정할 것 없다

아기 입 투레질에 봄이고 여름이고
비 오지 않는 날 없지 않더냐
그놈도 놀랍도록 잘 자라서
제 어머니 젖꼭지에만 의하지 않고
큰 양떼구름도 제법 볼 줄 알고
제가 살아갈 앞날에도 무심코 가까이 간다
보아라 어린 것만큼 생으로 원숙한 것 어디 있더냐
내 마음 넘실거리는 기쁨도 어느덧 슬픔이 되거니와
빈 논에는 어디 하나 어떤 의문 하나도 없다
이미 순한 가축인 양 줄줄이 엎디어 있던
해 쪼이는 볏단도 걷어간 지 오래인지라
누구 하나 빈 논에 기웃거리지 않을 때
농사꾼은 또 농사꾼대로 한동안 만이라도
숫제 깜빡하고 논을 잊어버려라
며칠 지나면 빈 논도 쉬던 땅심도
황토 객토로 부산을 떠는 하루가 다가오리라
이모작 놀리는 거개의 논은 가을갈이 또한 바쁘겠다
나는 빈 논에 있다가 돌아오며
언뜻 저녁연기 곧은 수동이 형님네 집 쪽을 본다

송내 가서

여름내 우거질 대로 우거진 풀 다 말라 버렸구나
서슬 찬 억새 댕댕이 개망초 박주가리들도
백 년을 살지 않고 단 한 철로 다하였구나
내년 여름이 확실한바 그때 또 우거지거라
어떤 철딱서니 모르는 자 이 지존한 세상에서
내가 왕이라고 날마다 게거품 물고 뽐낼 것인가
남이나 북이나 눈꼽 하나 끼지 않은 하늘이
성거산 위에서도 쌍봉 위에서도 끝없이 뻗쳤구나
땅 위에서는 스무 길 현사시 나무 잎새 지며
그동안 바람에 흔들리던 힘조차 버리는데
이미 겨울임에도 막무가내 하고 따뜻한 오늘이여
엊그제 임술생으로 태어난 놈 울음소리 힘차구나

아버지

닷 마지기 논 한 배미에
밭뙈기 둘인데
그것으로
온 세상 삼아 부러울 것 없다
하늘이 득달같이 내려와 지어 주고
여러 사람 운김이 지어 주고
그 나머지는 내가 짓는 농사
늦거름도 넉넉히 주어야지
가을 곡식 누가 재촉한다 하던가
바람이야 살로 가는 소슬바람
이 바람에 사내의 구리쇠 가슴 욱해진다
그러나 황금물결에 염치없이 솟아난 피야
남의 논에 난 것이라도
당장 뛰어들어 피사리해야지
일 년 농사 애쓴 것 그 때문에 누할 수야 있나

통일벼도 가지가지 논마다 다 베허
사그리 들들들 탈곡하고 말았으니
마음 무르녹는 황금 들판이 언제이던가
아끼바리도 상달 초하룻날 베허서

며칠 사이 휑한 눈에 빈 들이 안성맞춤이므로
저 건너까지 부르면 들릴 만한 이름이구나
이제 일어서서 머리 위 우러러보니
얼 하나 있을 수 없는 남색 하늘이여
이 들에는 누구 하나 농사꾼 말고 오는 자 없다
농사꾼도 제가끔 마을에 눌어붙었으니
기름진 땅도 엇답도 가리비료 많이 주었던 논도
저희들끼리 새 세상 세워서
밤중에도 새끼 친 별빛으로 버젓이 드넓어진다

아무리 세상이 농사를 업신여길지라도
쌀 한 말이 차 두어 잔 값일지라도
그래서야 못쓰지 못쓰구말구
그러나 농사꾼은 함부로 슬퍼하지 않는다
슬픔이란 가벼운 것이 아니라 물속 깊이 무거운 것이다
터논에는 새 많아 쭉정이 들고
들논에서 흰 벼 모가지 자꾸 눈에 띄어도
병옥이 아버지는 억울해하지도 않고 노여워하지도 않는다
지난 물난리에 벼 포기 잔뜩 쓰러졌으나
나오는 한숨 따위 손바닥에 쥐어 없애고 일으켰다

그런 사람 그런 아버지인지라 죽음 또한
몇천 년 동안의 농사를 이어받은 죽음 아니고 무엇이랴
숨이 딸깍 넘어가는 찰나도 태연자약함이여
흰 중이 적삼 지붕에 던져 놓은 초상집으로 가서
모두 가서 차례차례로 아이고 아이고 아이고
낮은 목청으로 배슥거리지 않는 곡성을 내는구나
절음 나서 절뚝거리는 소조차 제 방울 소리를 내는구나

알타리무 밭에서

지난번 큰 비로
김장밭이 요절났다
구문리 논에서는
물 탐 많은 심뽀들 혼났겠구나
세상 물난리에 어디 이만한 일 대수랴
실컷 물먹은 흙 다시 골라서
잘도 자라는 총각알타리무 씨도
그리고 배추 씨도 새로 뿌렸다
까치들도 한집안이라 내내 짖어 댔다

안 그런가 살다가 죽는 일도 훌륭한 일이지만
그 가운데서 씨 뿌리는 일
가장 훌륭한 일 아닌가
설사 그게 악의 씨라면
그 악이 자라서
참된 사나이들이 그것과 싸우는 일은
땅 끝까지 가도록
가장 훌륭한 일이다

며칠 뒤 으시시히 추운 아침

너무나 일찍 어린 배추 싹이 돋고
알타리무는 줄지어 불쑥 솟아 나왔다
이 얼마나 한 아름드리 기쁨이냐
우리집은 이른 아침부터
누구 하나 게으르지 않고
심지어는 따라다니는 콧노래도 뭣도 두고
몸 하나 가득히 하루하루 파헤쳐야 한다
괭이와 삽 쇠스랑 낫 이런 것도 식구인지라
한솥의 밥 먹은 것들이여
무던히도 인 박이고 소중하여
오늘은 호미질로 미호 배추 솎은 뒤
이슬 마른 밭 매어 북돋아 주어야지

저 하늘이 언제 쉬는 것 보았느냐
하늘 아래 가장 훌륭한 것 그것이 일이구말구
그리고 일과 일 사이의 쉴 참에
영바람 따위 없이 나누는
몇 마디 말 얼마나 향기로우냐
금룡이네가 돌아왔다지
응 땅 파던 놈 땅 파야지

금룡이가 올해 마흔여섯이지 아마
일 맛 알 나이지
멀리 있다가 오는 것은
하늘 아래 땅과 물에서는 훌륭한 일이다
일이 결코 기쁨인 나라
비로소 그 나라가 언젠가 우리나라 아닌가

분꽃

분꽃은 대학 같은 건 안 다니고
십 리 길 여고 나와
그냥 살림하는 처녀여요
얌전하디 얌전한 처녀여요

진분홍 별 분꽃 흰 분꽃

어느 날 저녁
그 처녀 마당에 나와
눈에 번쩍 세상 진리 환하게
깨닫는 꽃이어요

고려 땅 어진 딸내미 순이어요 분이어요

풀을 베며

풀을 베다가 담배 한 대로 양성 쌍봉 솔밭을 바라본다
바라보면 으레 바라보는 그곳이 얼마나 거룩한가
니기다 소나무 숲 윗도리는 스스로 진한 그늘져서
마치 김장철 배추 포기에 양념 차듯이
그늘이 소나무 가지마다 꼬옥꼬옥 채워졌다
해설피 오늘 낮일도 한참밖에 남지 않았으니
땡볕 비껴 났다고 누가 제멋대로 쉬라 하더냐
담배 맛에서 문득 마른풀 냄새 아득하다
아 이 세상이 온통 풀인데 담배조차도 풀이었구나
베자 베자 어서 베허 풀과 함께 집으로 가자
오늘까지 베면 퇴비 풀 스무 짐째인가
어찌 풀 한 짐이 쌀 한 섬 아니라더냐
우거진 냇둑 풀 추석 무렵 이발하듯 말끔히 베허
이것 한 짐 경운기에 싣고 돌아가면
경운기 소리에 하늘 아래 몸뻬 입은 내 아내가
새 사람처럼 울 밖으로 내다보리라
그렇다 내일 아침 푸짐한 이슬 내려앉기 뭐하리라
퇴비 풀 베고 난 데 지나서 이번에는 쇠꼴을 베허야지
풀이 억셀 때는 영양가 없으니
이삭 나오기 전에 젊은 풀 베허 말려야지

올 가을걷이 마치면 빈 들 너그러이 건너
오랜만의 처가 늙은 처남에게 내 늙은 얼굴
기꺼이 기꺼이 마주하리라 도다녀오리라

안성천

어젯밤 꿈에는 별이 자꾸 불어났다
오늘 안성천은 이마마하다
물소리 없이
설쳐한 사람 하나 없이
안성천은 무릎 찬 물로 흘러
멀리 아산만까지 간다
쓰고 난 논물 모아서 조용하다
긴 냇둑 띄엄띄엄 들깨 나서
들깻잎 향기 안쓰럽다
한 번도 물난리 없이
가뭄 하나 없이
안성천은 세상을 해껏 견딘다
그 누구도 여기 오면
어린 이쁘둥이 바람에 볼 불그데데하다
안성천 이만 한 내 하나에
안성 농사 다 맡겨
이 들에서 일하다 떠난 이들
그이들 돌아오라고 흐르는 물이 밤하늘 본다

하루

시오릿길 자전거 타고
자전거 내려 걷기도 하고
나는 안성 가서
수박 두 놈
복합비료 한 푸대 사 오니
벌써 한나절
용구 영감은
파라티온 중독을 과로로 알고
집에서 뭉그적대다 혼났다
며칠째 병원 다니더니
잔칫집 술에 만취해
이번 비에 물코 봐야 한다고 논으로 갔다
마누라도 못 말려
한밤중 논두렁길 가더니 쓰러져 잤다
장 씨가 투덜거리며 들쳐 업고
내가 부축하여 데려왔다
하루가 이러저러하므로
늦게나마 눈을 붙였다
내일모레는 가을바람 한 자락 시서늘히 불겠다

볍씨를 갈무리하며

허허 볍씨는 근본이지요
굶어
죽을 지경이 되어야
볍씨 꺼내다 찧었지요
어른어른 찧어서
죽 끓여 먹고 살아나는 것이지요
그러기 전에야
누가 볍씨에 손끝 하나 대겠어요
도둑도 거기에는 미치지 않고
두서없는
서생원 여러 놈도 조심해야지요
일 많은 이 세상에서
또 하나
이 세상 머금고 있음이 씨앗이지요
내년 사월 선득선득한 못자리까지
우리집에서는
여든 나이 할아버지와
볍씨가 으뜸이지요
누가 망종 무렵
볍씨 꾸려 처량하게 까질러 다니겠어요

뜸부기는 자꾸 울고
볍씨는 근본이지요
근본이자
우리 논농사의 우주이지요

추석 이후

다른 집 자식들은
청주 한 병 사들고 왔는데
춥거든 입으라고
두툼한 윗도리도 사 왔다 하는데

열나흘 달 아프게시리 밝은데

봉섭이네 언년도
즈 어머니 고무신 한 켤레 들고 왔는데

윤달이 아들 녀석은 숫제 빈손으로도 달려왔는데

국도까지 빤히 보이는
콩 심은 마을 길
아무리 기다려도
내 딸년 오는 길은 아니었네그려

봉제 공장은 고향도 몰라보는지
그 어린 것이
그 어린 것이

새까만 눈알맹이로 눈 뜨고
시다질하며
얼마나 애먹으며 찬밥 먹는지
마을마다 풍물 소리 요란했는데
추석날 다음 다음도
산에는 성묘질로 제법 울긋불긋했는데

추석 이후 다 떠나 버리고
송편도 쉬고 딱딱딱 굳어지고
새삼 막막하네그려
이따금 바라보아도
빈 길에
새 쫓는 소리

그래도 저녁마다 울지 말지 모르거니와
우리 정숙이 편지 한 장 없이
밤 이슥히 늦은 달 떠오르네그려

나들이 길

옆대기 만곤이 수곤이 형제와
전 이장 홍구 씨와
너나들이 복술이
이렇게 허물없는 너댓이서
걸어 둔 잠바 입고
평택 제일예식장에 갔다
이 얼마 만이냐
오래간만 대처에 갔다
담배도 누런 청자로다 한 갑 샀다
공도면 사는 김주식의 아들 결혼식이
거기서 딴따라라 딴따라라 하며 열렸다
신부는 양성 이씨 종산 근처
군계고개 가겟집 딸이라는데
화장 한번 진하여 미운지 고운지 몰라보아도
턱이 두툼해서 성깔은 잠들었겠다
우리는 부좃돈 천 원 또는 이천 원 내고
신랑 측 손님 대접하는 일미식당으로 갔다
거기서 육계장 백반에 소주잔깨나 주거니 받거니
술 인심 하나 붙잡고 이 세상 사는 것 아닌가
그래서 우리는 콧마루가 맹맹히 취하기 시작했다

주식이 자네 며느리 잘 보았네 암 잘 보았네
서로 잡는 손 나뭇등걸 같으나
우리들의 반가운 웃음에 이빨이 쪼르르 빛났다
거기서 이만저만 나와서
우리는 한 푼씩 내기로 이차를 제의했다
큰 거리 막걸리 집에 들어가 당당해졌다
천장에는 파리 떼 옴짝달싹하지 않고 붙어 있고
형광등에는 파리똥깨나 뿌려져 있다
그 밑에서 우리는 새 세상으로 둘러앉아
꽤나 독해진 막걸리 대여섯 병을 마셨다
어이 주모에게 농담을 걸어도
째진 눈매 하구선 대꾸도 없어 싱거웠다
우리는 어디메 쓰다 달다 하지 않고
거기서도 표표히 나와
바람 부는 거리의 먼지에도 끄떡없었다
안성 가는 일반 버스에 어서서 타고
꾀벽쟁이 동무 창수를 만나보러
만정리 지나 문터에서 내렸다
그는 부쩍 야위고 수염발 희끗거렸다
농약에 중독된 이래

이 날 저 날 시름으로 앓고 있었다
창수 자네 어서 일어나세
일어나 술 한잔하세
어쩌고저쩌고 병문안했으나
한참 있다가 나와 버렸다
요구르트라도 드시구 가셔요 하고
창수 마누라가
학교 앞 가게로 가려는 것을 말렸다
거기서 나와
우리는 술이 깨이면서 서로 두리번거렸다
이 세상이 천 년이나 사는 곳이 아니라
우리들 하나하나 떠나야 할 세상이었다
그러나 복술이도 나도
여기서 상여 타기 전에는 어디로 가지 않는다
나그네는 칠성판 나그네로 그 한 번으로 족하니
우리에게는 땅 부쳐 먹는 일밖에는
배운 도둑질 하나 없는
늙은 황소 주암옹두리 아닌가
휘적휘적 고개를 넘자
우리 동네 뒷동산 니기다 소나무들이

우리보다 먼저
우리를 알아보고 바람을 쓸어 내고 있다

건달

재필 씨는 윗마을 아랫마을에서 내놓았습니다
대낮에도 주막에서 화투나 칩니다
아무도 붙잡지 못하면 혼자 박보 장기에 빠집니다
논 한 배미 없는 주제인지라
제 아낙이 뼈 빠지게 벌어들이면
며칠마다 한 번씩 달랑 빼앗아 갑니다
고쟁이 속에 숨긴 돈도 용케 꺼내 갑니다
안성 장날 니나노로 날려 버리고
오늘도 걷는다마는 오늘도 걷는다마는
오밤중에 집에 와서는
제 아낙 깨워 장구 패듯 패기 시작합니다
잠든 마을 그 싸다듬이에 다 깨어나
재필이 아낙 울부짖는 소리에
누구 하나 혀 안 차는 이 없습니다
혀 차다가
안 되겠다 안 되겠다 옷 입고 달려갑니다

어린 손자와 함께

할아버지는 열 살부터 농사꾼이었다
삼백예순 날이 제 출몰로
예순 번 지나
오늘따라 일흔 살로 정정하니
사람이 큰 산이다
이상하기도 한지고
잔등이 ㄱ 자로 굽었다가 새로 펴졌다
늦손자가
이것 저것 숨 가쁘게 묻고
턱수염을 뽑으려고 대들어도
손자에게는 다못 참다운 웃음뿐이다

아버지와 아들은 현실이지만
할아버지와 손자 사이는 전설이구나
손자 데리고 나가니
손자 친구다
올해로 마지막 보리 묻은 밭에 가서
일흔 살 세월 따위로
오늘 하루 만들어
지는 해 보며

손자와 함께 서 있다

하루에 벼 서 마지기 베던 힘이라
그 힘이 내림으로 손자는 자라난다
붉은 놀 이쪽에서는
눈 내릴 차비를 하는가
삼암리 일대가
색시처럼 얌전하고 날씨 포근하구나

편지

우리 오빠
월남전 상이군인 오빠

나 취했어
오늘은 거짓말이 싫어
죽도록 싫어

나 제과 공장도 회사도 다닌 적 없어

그건 몽땅 거짓말이었어

칠 년 전 서울역에 내리자마자
그만 나는
나의 길을 가고 말았어

쪽바리 갈보의 길 가고 말았어

우리 오빠
우리 오빠
다리병신 오빠

나 취해 버렸어
취해야만
나에게 고향이 있어

갈보에게도 갈보에게도 고향이 있어

2

가을을 보내면서

수동이 부자는 다 나하고 맞담배 사이입니다
뽑은 무 꽁지 길어도 올 겨울이 춥거나 말거나
또 창식이 종식이 형제도 나하고는 한또래입니다
우리야 무슨 놈의 에헴에헴 우자 부릴 것도 없이
서로 십 년 이십 년 차이 따위는 흥허물 없는 동무입니다
오죽하면 이른 아침 안개 속에서도 우는 여치도 나도
바쁘다 보니 언제 어느 새 가을이었던가도 몰랐건만
세상이 온통 숨 막히는 녹색뿐인 여름이 다한 뒤
울긋불긋 단풍 들고 진 잎새 바람에 아무에게나 떼굴거리자
늙은 수동이에게도 그 밑의 아들에게도
어이 무 하나 먹세 가을일세 하고
한 마디 주고 한 마디 받는 가을입니다
우리야 언제 남의 선화당 팔짜에
설악 가고 내장산 붉은 단풍에 가겠습니까
적잖이 촌촌마다 떼 지어 단풍계 들어서
명산대천 단풍놀이에 엽쇼엽쇼 신나기도 하겠지만
우리야 우리 마을 옻나무 붉은 잎새 볼 따름입니다
오호라 가을 비바람 한탕 잦추르며 지나갈 때
뒷산 나무하러 가서 솔가루 푸짐히 긁는 일이 가을입니다

집에 가서 미안한 것은 이날 이때 논일 밭일에
초롱꽃 같은 청춘 다 파묻은 아내입니다
언제나 헌 옷 입은 아내는 아내이자 어머니입니다
서너 새끼 낳아 기르기에 가슴팍도 꺼진 한평생이여
쳇! 거꾸로 아내 역시 내 활 허리 구부정한 것 보고
가는 가을 추운 석양에 비껴 고개 돌려 딴전입니다

제비

우리 마을에서는
웬만한 일 구름장에 치부하지요
그러나 찌푸린 날 높이 날으는 제비까지도
함께 사는 이웃이지요
까닭에 그들도 사람 보면 살망살망 제비 삼지요

춘삼월에 와서 지지배배 하고 집 지어
두어 자식 두더니
이 세상의 어린 것
어여쁘지 않은 것 하나 없지요

그놈들도 지지배배 어른이 되어
어느덧 하늘도 땅도
눈코 뜰 사이 없이 바쁜 일 가득한 가을이지요

봄이면 봄에 오는 것 반갑고
가을에는 가을도 함께 뜨내기로 가지요
제비들도 큰 무리 만들어
남으로
남으로 떠나가지요

한 시간 이백 리 길 삼백 리 길
해남 땅 쉬었다가
바다 하나 건너서
제주 남군 위미리 쉬었다가
멀고 먼 바다 위 새로 가지요

가서 강남 생활 몇 달 보내고
어느덧 젊은 제비 늙어서
몇만 리 오면
우리 마을 춘삼월 김가 박가이지요

만에 하나 찾을 바 있거든 물 찬 제비 따라가지요
그토록 작은 몸 하나
이 세상을 다 내 세상 삼고
만에 하나
만에 하나 일망무제 바다 위에 떨어지면
그 태평양 어느 물결이 무덤인가요

벼를 털며

이 세상은 절대로 꿈이 아니다 허깨비가 아니다
지은 가을 곡식 엄숙함이여
벼 눕혀 말리면 안 된다 해도
쌀에 싸라기 있고
밥맛이 가신다 해도
아서라 볏단 세우기에 어디 일손 남아돌더냐
이 세상은 절대로 꿈이 아니다
논두렁에는
콩도 팥도 심지만 피가 성했다
때마침 찬바람에 벼 잘 말라
한 번 뒤집어 둔 다음
일찌감치 벼 타작하니
쉴 데 없는 마음 하나가 논 하나가 된다
탈곡기 먼지 속에서
늙어 가는 안식구 일손 좋아
오직 두 눈만 뻥 뚫려 있다
고등학교 졸업반 큰놈도
거드는 솜씨 제법 건실하여서
하루해 질 무렵까지는
어둑발에 방아달 논 한 배미 다 털겠다

이 세상은 무슨 일로도 다른 세상 아니다
벌써 저녁 바람 찬 기운이 사납다
이 세상은 우리 세상 우리 자식이 아니더냐
된 일에 된 몸 쉬는 것도
건넛마을 어른 지나는 참이라
벌써 다 터는가
우선 한 배미지요
쌀 좋겠네
편히 건너가시지요
이 세상은 절대로 꿈이 아니다
아무리 나이 먹어도
말 한 마디에는 언제나 오늘이 어린아이 같다
옛날 옛적 타작에는 개상 탯돌이다가
옛날에는 홀태질로
하루 내내 훑어 내다가
이제는 탈곡기에 벼 털어
벼 한 가마 한 가마 곳간에 부리니
곳간 물 열면 웃음 울음 가득하다
며칠 지나 모진 공판장에 내보낼지라도
오늘 흐뭇흐뭇한 바 어이할 줄 모른다
이 세상은 절대로 꿈이 아니다 허깨비가 아니다

한숨만은 꺼내지 말자

올봄에 죽은 덕만이 자네 무덤에는 제법 뗏장도 올랐더라
산 사람들은 조금씩 자네 얘기하면서 잊어버리네
살아갈 일 앞산 첩첩하거니와 사백여 가지 농산물 들여오니
에라 모르겠다 일본 라면까지 들여오고 있으니
오래간만에 한로 상강 지난 밤중의 별 떨기인들
어찌 여봐란 듯이 자네 같은 배짱으로 헤아리겠는가
해마다 예쁜 목화 아가씨 김포비행장으로 오고
심지어 교도소 콩밥의 콩도 미국 콩 아니고 뭣이겠는가
덕만이 자네 살아서 한 고생 죽어서 딱 그쳤으니
아침 까치야 까치야 어디 외국 농산물뿐이냐
그동안 병든 소도 잘도 들어오고 뭣도 뭣도 왔건만
우리야 날마다 그놈의 복합영농에 산 목숨 걸고 있다네
덕만이 자네야 이제 졸업했네만
산 사람에게는 그 자식 때까지 농협 빚 몇백일세
이내 신세 환갑 넘겨도 갚지 못하고
떡두꺼비 자식 앞으로 유언 한 마디 남길 수 없으니
제기랄 돈만 있으면 개도 멍멍 첨지 아닌가
죽은 덕만이 나도야 빚더미나 떠넘기고 고개 꺾겠네
밤이나 낮이나 그것 하나 가꾼 농사
마파람 갈리고 된바람 앞에서 부여안은 헛농사라네

지난 여름 보구 수매 동결이더니 이 가을 쌀 수매 또 그렇지
여름 내내 농약에 상하고 일에 지치고
사방팔방 천대받는 피와 땀으로
영농자금은 이름뿐 흙하고밖에 살 데 없으니
참 비료 농구기는 또 왜 그리 으리으리 비싼가
바람 부산하네 부디 쌀 수매 생산비라도 되어야 하건만
덕만이 덕만이 어느 곳 세 발 막대 휘둘러도
이 일 하나 맺은 것 풀어 줄 데 없다네
그러나 죽은 덕만이 자네 산 덕만이 적으로 돌아와서
우리는 제발 천년만년 묵은 한숨만은 꺼내지 말세
한숨이야말로 밤 새워 이 세상 바른 뜻까지 업신여기지
아무리 갑갑해도 두 눈 뜨고 마누라 달래며 버티어 보아야지
죽은 덕만이 자네야 고이 잠들었네만
이 세상이야 쇠똥 말똥 나딩굴어도 동튼 세상 아닌가

논 배추 둘러보며

가뭄 끝은 있어도 장마 끝은 없다더니
그 장마에도 철은 바뀌어
찬 바람 끝에
논 배추 이백 평이
천 평 만 평만 같다
한 평생 가웃이나
가을 김장 배추만큼
쌩쌩한 초록 본 일 없다
첫서리 맞고
도리어 풀 먹인 듯 힘차구나
사람에게 든 감기 부끄럽다
보거라
여기저기 짚 덮은 들 가운데
온 세상 차지한 논 배추만이
김장철 코앞에 있다
비 뒤에 바짝 추워서
어린 것들 나오자마자 빨개지겠다

송아지

마른 똥깨나 누덕누덕
암소 가니
시든 풀밭 꼴밭이 먼저 온다
송아지 아이고 앞서거니
하늘 아래 뉘 기쁨
이다지 많누

곡

아무개 할머니 오줌똥 못 가리더니
이 세상 뜬 날
그런 날은
그 집의 큰일만이 아니라
온 마을의 큰일 아닌가
그런 날 모여 거들지 않고
제 집구석 일만 하는 축이야
여름 똘 등멱 때
물 한 바가지 찌틀어 달랠 수 없지 않은가

바람깨나 텡텡 불어도
앙상한 대추나무
초상집에는
먼 데 손님 논길 건너와서
아이고 아이고 아이고
삼가 곡하고 상제와 맞절하고
차일 밑에 가서 소주잔 금방 받는다

해설피 이십 리 길 들녘 건너서
왕고모님 허위허위 오더니

좀약 냄새 홑두루마기
이 나라에서
첫손가락 꼽아 슬피 울어서
갖은 양념 사연도 많지
이 사람아
이 사람아
어디 간다고
이다지도 바삐 떠나나
삼도내 어디라고
이다지도 바삐 떠나나
지지난번 지경장에서 만나
우리 형제 국밥 먹고
담배도 두어 대 안 피웠나
그렇게도 정정하더니
이게 웬 말인가
이게 웬 말인가
아이고 아이고대고
이 노릇을 어쩐단 말인가

그렇게도 좋은 청승 슬퍼하다가

훌쩍 코 한 번 풀고 나서
돌아앉으면
방금 환한 웃음 지어서
친정 마을 구면 보더니
아이고 자네 잘 있었는가
반갑고 고맙구나
아이고 자네도 오래간만 아닌가

죽은바 애도하고
바로 그 죽음 놓아 버리고
산 사람끼리
주고받는 인사가 초상집 인사 아닌가
아이고 아이고 아이고
세 번 곡이야
슬픔이 아니라
슬픔 나거든 그것 견디는 인사 아닌가
애비 에미 죽으면
딸 울음이 제일이지
머리 푼 딸이 우는 울음이 저세상 아닌가

거름 내는 날

내 앞에서 자란 자식
벌써 코 밑에 잔털 난 자식
쇳내 나는 이놈 데리고
경운기 함께 탄다
아래뜸 지나
꽤나 먼 길 거름을 낸다
갓난이 때 잘도 보채던 놈이
이제는 입이 굼떠
별반 성난 듯이 말도 없다
이놈하고 가다가
상묵이네 논 둔치에서
까딱 엎어질 뻔했다가도
용케 경운기 손잡이 잘 휘어 잡았다
추운 날도 느린 새는 느리게 난다
사뭇 점잖다
우리 짚뭇은 다 들여가고
다른 집 짚벼눌이 더러 논에 있다
올해는 객토 못 하는 대신
여름내 만든 퇴비 거름
맛있는 거름

논에 내니
논 좀 보아라
논이 헤헤 입 벌리고 좋아한다
남의 논들이야
너무 일찍 방정 떤다 할지 모르나
우리 논이 좋아하니
나도 내 자식도 함께 좋구나
하늘이야 높아서 소 닭 보듯 하고
다섯 번 거름 실어 내면
한나절이 넘어서
거름 냄새 퀴퀴 쩐 몸으로
비로소 내 자식 입을 연다
아버지
내년 절충못자리는 내가 할께요
어느덧 덧없구나 내 자식이 자식 아니다
나와 내 자식 이 들판에서 비로소 나란히 형제다
어서 가자 가서 술 한잔 주고받자

서리

서릿발에 국화 뚜렷이 피어나고
서릿발에 처녀 빛난다
무우 파묻고 나서
신랑 될 사람 집으로 가서
그 집 김장 양념 잘도 넣어 준다
내년이면
서리 녹은 한낮의 따뜻함이여
이내 몸이야 아낙이다
아낙이 되어
외양간 쇠오줌 쇠똥 냄새에 정들고
마른 고구마 줄기 듬뿍듬뿍 썰어 주어야 한다
그런 일에도 뱃속에 아이 든다
참새 한 떼
어느 놈 하나 빠지지 않고 시끌짝하다

초겨울

상수리나무 잎새는 쉽게 지지 않는다
어떤 바람에도
바람 소리 내며 잘도 견딘다
내년 이월에나
슬픔 하나 없이 지리라

상수리나무 말고는
그 밖의 잎새들은 거의 진다
한천 개울 살얼음판 쓸쓸할 만하고
고니 소리 괜히 높이 들린다

이럴 때 집집마다 한가함이 죄인가
외상쟁이 판섭이와
가겟집 차 씨가 큰 소리로 다툰다
멱살잡이는 아니건만
삿대질이 퍽 긴박하다

잘한다 잘한다 싸워야 묵은 정에 새 정 든다

3

안개

크나큰 하늘 가득히 그렇게도 구름 끼고 모자라느냐
올 가을 겨울은 날이날마다 사타구니에도 안개 든다
병삼이는 작년 육성 자금 덜커덩 받았으니
이제 와서 그것이 삼재팔난 아니고 무엇이더냐
밭뙈기 논마지기 몽땅 근저당 설정하고
마다하는 의형제 창식이와 처남 보증 서서
내가 망하고 못 갚으면 그들이 내 빚 안아야 할 처지로다
추상 같은 이자 돈 어김없이 업어다 바쳐야 하는데
소 한 마리 값이 작년 값 절반도 못 되게 떨어졌으니
일 년 내내 먹인 건 뭣이고 기른 정성 어디 가 버렸느냐
나만 내놓았느냐 여기저기 다 소 팔려고
백오십만 원이나 손해 보아도 제발 팔리기나 하려므나
아이고 아이고 억장이 무너지고 담장이 무너진다
높은 것들 차라리 축산 장려니 뭐니 그만 코나 골아라
설상가상 병삼이는 탈곡기 피댓줄에 걸려
그 건장하던 다리 그 길로 못 쓰게 되고 말았다
병원에 달가웃이나 있다가 나와 빚더미하고 세월 보낸다
그도 안되었고 그의 아내 차마 볼 수 없게 앙상하다
올 가을 겨울은 날이날마다 겨드랑에도 안개다
이놈의 안개 코흘리개 병삼이 새끼에게도 두텁다

이른 아침 병삼이네 옆대기 태술이네 집에서도
갓난애 응애응애 우는 소리 너조차 이 세상 맛 아느냐
어디서 어떤 잡동사니 소식 하나 없고 다 안개 속이니
아무리 이 세상 어쩌구 저쩌구 참다와도 생시 같지 않다
아침인데 인기척 없고 아무 데도 열린 곳 없다
눈 있어도 망울 없다 농사꾼 입 있어도 꿰맨 입이다
세 집 건너 황톳길 고샅길 오르막도 보이지 않는다
안개는 아이 울음도 어른의 한탄도 곱으로 키운다
단 한 번 답답하기를 바란 일 없거늘 어찌 이렇게도 답
답한지
이장은 무슨 당 훈시깨나 단단히 듣고 온 모양
우리 동네 문평부락 열아홉 가호는 안개에 골병만 든다
오막살이 달구네 아버지 땡볕에 기름기 다 빠진 머리
그 머리카락 몇 오리 안개에 젖어 딱도 하게 얌전하다
들어라 안개는 걷힐 생각 꼼짝 안 하는데
이장 전 씨의 공지 사항만 안개 속에서도 안개 속에서도
가죽나무 가지에 걸린 확성기에서 재미없게 쏟아진다
중두리 바탕이 항아리 다 때려 부수고 말 생각 꿀 같은데
그 생각 꾹꾹 눌러 참으며 안개 한나절 다하는데
그때에야 뜨악히 걷히기 시작하는 안개 속으로

그냥 팔짱 끼고 지나가는 영만이 마누라 인사받고
태술이도 한 마디 했다 영만이더러 쪽파 낼 것 있으면
점심 먹고 그거나 실어 내자고 하우 경운기도 혼자서는 원

노는 사람들

복합영농 살판났다 해도 새 까먹은 소리 안 되어야지
그러나 저러나 놀면 거지 같구나 천 원짜리 두어 장
허허 잔뜩 찌푸린 날 풍년거지 더 서럽다
아서라 말어라 하루 이틀 일손 좀 놓아야지
우리야 잔등 결린다고 안마를 받나 섬섬옥수 있나
눈 딱 감고 팔 걷어 부치고 한 번 놀아 보자
한 번 논다고 하니 말 한번 사돈 영감 그럴듯하다
상술이 자네도 이윽고 패 잡을 날이 있네
놀란 화투짝 가보 아니라 일곱 끗 가지고도 잡을 날 있네
마을 가겟집 구들방 그들먹이 모여 앉았다
모이면 누가 뭐라 하더냐 서로 한뜻이니
자연 술 추렴에 칼칼한 목 탁 트이는구나
한편 돈 태우고 한편 김치 가드락 집어 와삭와삭
한 잔 두 잔 석 잔 술잔이 돌아다닌다
싸락눈 제법이다 문 열었다 닫아도 춥지 않다
앗따 끗발 나네 솔학에다가 홍싸리가 웬말인가
바로 이때 사나운 오토바이 달려오더니
재수 옴 났다 지서 오 순경 내무장관으로 거동한다
야 괜히 후지르지 말고 눈꼬리 풀고 돌아가거라
삼백육십 일 일하던 손 끗발 죽으면 주먹 쥔다
애바리 돌아가거라 내 주먹 한 번 쥐면 주먹이 운다

공판장 다녀오며

일 년 농사 지은 것 세 번째 한 바리 싣고 갔다
일곱 가마 꼬리표 붙여 냉큼 갖다 던져 버리니
일등 이등 십칠만 원하고 몇천 원이니 또 허망하다
함께 간 맹모네는 이게 웬일 절반이 잠정등외라
넨장칠 것 그렇게도 수분 측정 꼼꼼히 했건만 만 원 돈이나
내 말인즉 오등짜리 불합격 아니니 이만저만 다행일세
이 말에 성난 맹모 화풀이할 데 생겨서 야 씨팔
날씨 한번 지랄이다 진눈깨비도 눈보라보다 사납다
우리 마을 이번 매상 아흔 가마에 몇 가마 더해서
이제 통일벼 거의 다 나가서 나가는 일 줄었다
벌써 문터고개 주막에 빈 경운기 서너 대 있다
우리도 끼어 개구리 하나 꺾을까 하다가
그냥 가세 그냥 가세 빈속이 가벼워 좋으니
해는 나올 생각 없고 코끝 아프게 얼어든다
쯔쯔쯔 일 년 농사 지은 것 돈 한 다발 쥐니
이걸로 무얼 하고 무얼 하고 무얼 한단 말이냐
작년에 돌아가신 아버님 생각 간절하다 그 고생 선하다

어느 날

김장 마흔 포기 남새밭 구덩이에 묻었다
어웅어웅 삼동 걱정 하나 덜었다
마누라는 가슴앓이 친정 오라버니나 보고 오겠다 한다
암 한 번 아니라 두 번이라도 다녀와야 하구말구
옛날 같지 않아 논 이삭 떨어진 것 지천인데
추워라 들에 새 한 마리 가지 않는다
빈 논 만큼이나 넓은 데 있을소냐 짚벼눌 몇 채뿐이다
아무리 볏짚 깔고 깊이 갈자고 푯말 세워도
이 고장 미양 공도에서는 가을갈이 잘 하지 않는다
하나만 낳아 잘 기르자 해도 새끼 셋 양에 안 찬다
땅 풀리면 거뭇거뭇하게 녹은 흙에 발 빠지며
아 다르고 어 다르지 봄갈이 맛에 잔뜩 버릇 들었다
추수 뒤로는 그냥 뻔하게 뒷그루도 없이 푹 얼어라
하도 사람 손발에 지치고 농약 비료에 넌더리 나고
또 곡식 키우느라 몸살 한번 제대로 못한 논이니
이 세상에서 으뜸이나 꼬래비나 매한가지 나라 아니냐
그동안 우리 새끼들 잘도 자라서 배추 꼬랭이깨나 좋아한다
장차 농사 지을지 말지 모르나 추운 바람 잘도 쏘이는데
국도 산업도로 고속도로 근처에는 시킨 대로

지나가는 놈 보기 좋게 객토 한 논 수두룩하다
마누라는 사십 리 길 친정에 떡 해 가지고 가는데
나는 돼지우리 치우고 이어서 소여물 써느라고
저만큼 정자나무 넘어서 너그러이 바양도 못 나갔다
처남에게 내 인사야 자네가 알아서 주섬주섬 하렷다
방금 마누라 떠났는데 꼬꼬대 꼬꼬대 닭이 알 낳아도
이다지도 빈 집 같을 줄이야 빈 집 같을 줄이야
부엌에 가 무심코 솥 열어 보니 더운 밥 식어 간다
오늘밤 중 마누라 돌아오거든 송치 뛰쳐나오게
맨발로 달려나가 어이구 우리 마누라 얼싸안아야지

첫눈

여보십시요
이 땅이 무슨 땅인줄 아십니까
이 땅이 무슨 땅인줄 아십니까
무슨 고생 무슨 땅인줄 아십니까

이제 이 땅 산성 땅 다 되어 버렸읍니다
다름 아니라 죄와 벌입니다
세계에서 네 번째 농약 나라입니다
몇십 년 동안 세 번째 두 번째 화학 농업의 나라입니다
지난 여름 억수 비도 산성비였읍니다

이 땅이 무슨 땅인줄 아십니까

첫눈이 옵니다
첫눈이 옵니다
눈발 한 차례 어찌 산성 눈 아니겠습니까

물 하나 좋던 세상
비산비야 물 한 모금 마시기도 다 글렀습니다
이대로 가면 십 년도 못 가

어린 자식에게 물려줄 죄와 벌뿐입니다

이 땅이 무슨 땅인줄 아십니까

첫눈이 옵니다
첫눈이 옵니다
이 사무치는 날
할아버지 아버지의 땅에 첫눈이 옵니다

칠순 잔치

어이 소설 대설이 하늘이 내려 주는 것 하나 없이
이다지도 포근한지 풀 나겠다 씨암탉 앙앙댄다
그래도 동지섣달 눈 경치 아니면 천지 사방 다 메마르다
사람도 쭉정이하고 상종하여 함께 메마르구나

샛터 병섭이네 할머니 칠순 잔치 내일이다
원 생일은 며칠 뒤지만 날씨 점쳐 앞당겼는지
집안 사정 이것저것 따져 본 뒤 그랬는지
방앗간에 가서 떡방아 찧어 오고 동네 한쪽이 부산스럽다
그러나 둘러보아야 니기다 소나무 밭도 메마르다
이래서야 어디 세상 여름날 뚝생이 덤불 만한가
석 달 겨울 수북수북 눈 쌓여야 사는 것 같건만

아니다 아니다 불현듯 동네 큰길 환해졌다 새 세상이다
보아라 웬 선녀 웬 춘향이더냐 큰 눈으로 보아라
칠순 잔치 대어 오는 시집간 막내딸 반짝 걸음이구나
  진분홍 치마에 눈부시고 남색 끝동 흰 저고리에 눈 멀겠다
  그렇구나 병섭이 누이 병숙이다 병숙이다
  그 뒤로 사내에게 안겨 오는 아가도 외갓집 온다

그렇게도 이뿐이였고 얌전했던 병숙이 온다
병숙이 하나로 이 세상 메마른 것이 홀라당 벗겨졌다
내일 하루 병섭이네 집 가서 취한 척 신소리로 놀자
돼지 잡았다니 그놈 한 점 하늘에 쏘여
새우젓에 찍어 먹자 겉절이 나오면 앵겨 먹자
어디 그뿐인가 병숙이더러 한 마디 걸자
병숙이는 예나제나 목단 꽃 같네 반갑기 그지없네
친정 동네 괄씨 말고 자주 와 반갑기 그지없네

소와 함께

며칠 동안 건넛마을 객토 품 파느라고 너를 돌보지 못했다
바람도 불던 바람이 내 피붙이 같아서 덜 춥고
여물도 주던 사람이 주어야 네가 편하지
내가 말린 꼴 수북히 주고 더운 뜨물 퍼 주니
너는 더없이 흡족해서 꼬리깨나 휘두르는구나
이랴 떨떨 밥 먹은 뒤 바깥 말뚝에 매어 두니
소가 웃는다더니 바로 네가 좋아하는 것 알겠다
외양간 쳐 내어 쇠똥 무더기 검불에 섞었다
네 집 뒤쪽은 샛바람 막게 두툼두툼 떼적 치고
남쪽으로는 비닐 창 달아 내어 볕 조각 들게 했다
따뜻한 날이라 송아지 두 놈 까불대며 다니며
무말랭이 널어 둔 멍석 밟고 마구 논다
사람이나 짐승이나 잠자리 깨끗하면 얼마나 좋은가
그동안 네 엉덩이 누룽지깨나 덕지덕지로구나
마른 똥 긁어 떼어 내니 이놈 봐라 곧게 서 있다
송아지 두 놈 논 쪽으로 먼저 나간 김에
에따 너도 나도 개천 둔덕으로 놀러 나가자
외양간에만 죽치고 서서 새김질 거듭하다가
이렇게 마음 탁 터놓고 나오니 너 좋고 나도 좋다

바람에 한 번 멋지게 감긴다 무슨 회오리바람이냐
나와 너 단짝 동무로 하늘 높은 줄 모르고 뜬다
얼씨구 양지 쪽으로 조금씩 돋은 풀도 반갑다
이런 풀은 뜯지 말아라 네 새끼 송아지들 장난질한다
나도 너도 흐뭇한 것 하나도 하나가 아니다
햇볕 실컷 쪼여라 바람 쏘여라 바깥도 집안 아니냐
내 너를 두고 말한다 소만 한 덕 어디 있느냐
견디기로는 사람 중에 백범이다 못 견디기로는 임꺽정이다
가자 오랜만에 나온 바깥 기쁨 몽땅 가지고 돌아가자

연기 한 가닥

논에 둔 북데기나 검불 그냥 삭는 게 좋은데
부쩍 늙으신 아버지는 마른 팽쑥 논두렁 건너가서
큰일이나 난 듯이 그것에 성냥 그으신다
마침 찬 서리 느지막하게 녹는 참이라
연기 한번 고구려고구려 힘차게 솟아오른다
다섯 바람 열 비 내리는 하늘이야
또 하늘대로 아무 일 없듯 새파랗게 젊기만 하다
보아라 하늘과 땅 사이만 한 것 어디 있느냐
연기 한 가락 뻗어 올라 나라 하나 세운다
아무래도 아버지는 곧 세상을 떠나실 것만 같다
더 탈 것 없으니 연기 차차 기운 잃어버린다
할아버지를 아버지가 이으셨으니 아버지 내가 이어야지
오천 년 내내 농사 짓는 일 대대로 이어 와서
내년에도 내후년에도 허리 굽혀 모심는 날
그날 밤에는 온통 개구리 울음소리로 마을이 떠나가리라

빨래

추운 소한 있어도 추운 대한 없다지만
아직 동지 때 아이들은 가오리연 날리고
내 아내는 널벅지 가득 빨랫감 이고
상옥이네 고논 시퍼런 물에 나가서
집안 식구마다 벗어 놓은 것 한나절 빤다
계집 소갈머리 밴댕이 속이란 말 웬 말이냐
내 아내 도량 넉넉하기가 성환 입장들판이다
시집와서 이십 년 언제 잠이나 실컷 자 보았느냐
뭣 하나 타박할 줄 몰라 서산에 지는 해였다
진정 겨울 빨래 많기도 하나
한나절이 칼에 베듯 썸뻑 지나니
팔인들 다리인들 얼마나 고되겠느냐
제발 쥐나 나지 말아야지
제발 쥐나 나지 말아야지
흥잡힐 건 뭐람
동네 복판으로 뛰어가 빨래 널벅지 받았다
어깨에 한 짐 묵직하구나
함께 오는 우리 내외 제일강산 아니고 뭐냐

봉모 할아버지

참새놈들 되게는 시끌짝하다
무슨 일인지
이 세상에 짹짹거리지 않는 놈 하나 없다
오냐오냐 그래야 한다
건넛마을에서는
술 먹은 놈끼리 시비가 나서
뭔가 따따부따 하다가 삿대질도 한다
고래실 무논에는
살얼음 찬찬히 덮여 조용하다
손가락 끝 아리게 추운 날
아랫목 버리고 나온 예순다섯 봉모 할아버지
아무리 을씨년해도
하고많은 날 몸에 익은 더위요 추위 아닌가
한 달 전 꼬박꼬박 삽질한 흙에 가서
이번에는 엎은 흙 뒤집어 둔다
내년 못자리 터 경운기 댈 것 없이
삽으로 떠 한 삽 한 삽 다하니
첫째 노는 것보다 심심치 않다
늙어서 심심하기란 얼마나 큰일인가
담배 한 대 물고

좀 더워진 몸 식을 때까지 쉬며
내 집 같은 들 돌아다 보면
이 들을 어느 놈이 비었다 하리오
내 한평생 흑싸리 홍싸리 가득한데

4

딸

눈 더미에 붉은 흙 눈부시게 뿌리며
서생원 구멍 내고 나와 어디로 달려간다
오동지 섣달 정작 사람은 올 데 갈 데 없다
아이들은 코 밑에 진상으로 흰 할멈 들락날락
발 넓다는 병환이도 돈 없고 길 없어서
추녀 고드름 서른 서른하나 세고 있구나
또 윤식이는 들 건너 송말까지 사돈집 다녀올 일 있어도
땅만 보고 다니니 어디에 뭣 있던가 없던가
윤식이 어머니는 빠진 이 지붕에 냅다 던져서
까치야 헌 이빨 가져가고 새 이빨 다구 어쩌구
쥐덫 놓아야 서생원 막내 한 놈 잡히지 않고
밤에는 청와대만 나오는 케이비에스 보고
늘 그 소리 저 소리 들으니 두루두루 죄 없구나
아내는 이불 속에서도 귀신 씨나락 까먹으며
내일은 세상 없어도 마늘 밭 짚 두툼하게 덮어 줘야지
덮기 전에 눈 맞았으니 어쩌노 어쩌노 구시렁댄다
겨울 농가 석 달 열흘 깝깝하기는 꼭 올 사람 왜 안 오나
농사꾼 손 놀아도 가슴에는 한 발채 뒤엄 썩는다
문 열고 내다보아라 원 퇴박맞은 나만 있구나
눈 내린 세상 온통 흰색이라 강아지 눈 뜨기

하루 세 끼에도 출출해서 생두부 한 모 없다
아 어떤 영감 개팔자라고 살강 밑에서 숟가락 주으랴
가을이야 고닥새 한나절이지만 겨울은 길기도 하다
이번 겨울 우리 딸내미 출무성하게 커서
나비 노는 삼월 밭두렁 나가면 그때는 거북한 처녀이겠다
악아 악아 땔 것 아끼지 말고 물 데워 쓰거라

밥

수북수북 눈 쌓여 날짐승 궁하다
개밥그릇에 와서
개밥 남지기 잘도 먹네
까치 두 마리
아침저녁 꼭 와서
개 먹고 나면 잘도 먹네
개 보아라 제 밥그릇에
까치 와도 으르렁댈 줄 모른다
이래야 한다 이래야 한다
멀리 산 하나 솟는다
이 세상의 밥 이래야 한다

집안싸움

강추위 며칠째 확 깨지겠다 독 깨지겠다
이런 추위에 뜨막하던 산북리 아낙들 망년회 열어
떡국 끓여 한 그릇씩 먹고 열끗에 십 원 태워서
제법이구말구 화투짝으로 끗발 죄어 여봐라 나간다
새참까지도 기철 엄마가 땄지만 딴들 얼마나 따겠나
밤에는 눈에 불 쓴 귀녀가 벼르는 모양이다
끼어든 봉모 여편네 그 주둥이 남 주나
어째 뻣뻣하다 했더니 그게 큰 실수여
아이고 어머니 중학생 아들놈 것을 잘못 더듬었다고
윗목에 뜬 메주까지 깔깔대니 방안이 좋구나
이 망년회에 인물 난 상철이 각시가 못 왔구나
올여름 아이 낳은 지 사흘만에 자리 개고 일 나갔지
요새 그 아이 잔병치레로 바깥출입 뜨음해졌다
부모 노릇도 농사만큼 힘한지고 부모가 온 효자 되어야
저 혼자 자란 줄 아는 자식 반 효자 될까말까
길수 영감네 집 앞으로 가자니 그 영감 기침 소리
작년까지만 해도 밤낮 내리 가겟방에 처박혀서
이 술 저 술 개평술에 찌그렁이 잘도 붙더니
요강에다 가래 뱉기 하루 내내 홀앗이로다
타관붙이 성 서방은 홀라당 생돈 몇푼 깨지고 와서

화풀이는 새끼들한테 새끼가 아니라 원수로다
득구네도 투덜대며 그도 갈 데 없이 중방벽 지고 있다
이런 삼동 눈 더미 속 서운산 짐승인들 어느 골짝 나오겠느냐
제 굴 속에 틀어박혀 마늘 한 접 구워 먹어라
득구도 나갈 생각 꾹꾹 눌러서 두 잠 석 잠 다 자누나
문 열어 봐야 찌그러진 세숫대야가 인사할 뿐
아이들은 눈싸움하다 울고불고 어른들은 방구석
아 입 놀릴 것 좀 못 만들어 와 손 두었다 빌 거여
영만이 아버지 끝내 부아 나 큰소리 지르자
옳다 잘 되었다고 망년회에도 못 간 마누라
그 소리에 소리 먹인다 한술 더 떠서 싸움 난다
아 맹식이네 호박떡 찌는 냄새나니 거기 가서 상거지 하지

반장 안 씨

우리 동네 반장 안 씨는 어릴 때 송곳 찔려
애꾸눈이 되었지만 노래 하나는 기막히게 뽑고
한 눈으로도 다 보고 못 본 척한다 간밤의 별똥 같다
오늘은 언 날이 좀 풀렸다 동력경운기 덮개 벗겨서
걸레질하고 기름도 주고 끄떡없게 죄는 판인데
기백이가 주민등록증 분실계 도장 받으러 왔다
다 큰 아이가 우거짓국 먹을 때는 탈 없더니
정작 돼지고기 몇 점 먹고 체해서 엄지손가락 피 뽑았단다
넨장 주민등록증까지 잃어버려서 재수 옴 올랐단다
도장 쿡 찍어서 이장네 집으로 보내고 난 뒤
새삼스러이 마누라만큼 소중한 경운기 시동 걸어 보았다
이것이 말할 줄을 아나 무슨 생각을 할 줄 아나
잘 걸리지 않다가 이윽고 탈탈탈탈 잘 걸렸다
마당 가득 역한 냄새에 늙은 어머니 문 열다가 닫았다
경운기 값 잔액 삼십오만 원 버티고 있는데
줄 돈이야 어디 그뿐이겠는가 배짱 없이 못 산다
반장 아니라 반장할애비도 이자에 눈 까뒤집히지
시험 삼아 경운기 몰고 집 밖으로 나갔다 돌아왔다
금방 바퀴에 낀 것 파내어 고이고이 섬겼다

새해에는 반장 자리 어서 내놓아야지 내놓아야지
 태식이가 맡을까 진만이가 맡을까 삼례 즈 아버지가 다시 맡을까

송아지

요놈은 성깔깨나 내니 암소치고는 찌락때기 넘는다
지난해 동구리병 나서 배때기 텡텡 부풀었지
약 먹이고 칼산 지돌이 돌듯 조심조심 보살펴 겨우 나왔다
암내 한 번에 종자소 씨 받아 아홉 달 지나니
짐승인들 새끼 배어 얼마나 고생 자심하겠느냐
달 채워 이쁜 송아지 두어 마리 쑥 낳아 놓았다
눈 뜬 새끼 귀도 뚫렸는지 방울 소리 듣고 고개 돌린다
그런데 젖 먹으려고 하면 어미란 놈 뿔로 받으려 하니
뿔질뿐인가 뒷발로 차는 시늉도 고약하구나
어찌 어미 된 것이 이 모양인구 고삐 되게 매었다
영철 씨는 송아지 꼬리 내두르는 것 보고 신명 나며
한 달 지나면 젖 떼고 사료 먹는다고 자랑이다
고등학교 중학교 다니는 두 아들까지 나서서
삼부자 한 마음으로 한우 기르기 벌써 이골이 났다
이런 때는 머리에 이고 다니는 소 값 다 야자버리고
송아지 두어 마리 축사 윗바람 밑에서 잘 자라는 일
이 기쁨 어디 두랴 밥 때도 잊고 곱은 손 시린 발 모른다
음메 음메 네가 울면 동네 패싸움도 풀리구말구 암

밤중

밤중에 뒷간 나갔다가
아이 추워 아이 추워 들어오다가
마을 길 웬 인기척 났다
별도 깜짝거렸다

뭘 꾸물대기는 어서 와

저 소리 틀림없다 종구 목소리
아니 이 밤중에 어디 간다?
마누라까지
새끼들까지 데리고 어디 간다?

마루에 둔 손전등 켜 들고 후다닥 나가 보니
중뜸 이종구네 식구 다섯이구나
종구 어깨 덥석 잡으니
보따리 든 그의 팔 어쩔 줄 몰랐다
식구마다
뭣 하나씩 둘씩 다 들고 있다

제발 불 좀 끄게

나 빚더미 산더미 알지 않는가
아 이 밤중 도망 못 가면 어쩌겠는가
농협 몰래
동네 몰래
서울로 간다네
서울 미아리 넘어
수락산 밑이라더군
처남 사는 동네 거기로 간다

용철이 자네만 알고 있게
돈 벌면
정든 땅 돌아와야지 돌아오고 말구
자네 우리 집 빈 집이라고
도망 간 집이라고 불 지르지 말게
부디 잘 있게 용철이

잔소리

살짝 곰보 손녀 놓고 잔소리가 할머니구나
선은 이렇고 후는 이렇고
말은 차근차근 귀머거리도 알아듣게 해야지
암만 그래야지
밥상머리 부디 소나기밥 먹지 말아라
누가 쫓아오느냐
누가 쫓아오느냐
그리고 배추김치 한 포기
윗대가리일랑 아예 먹지 말아라
그것 먹으면 입 싸진다
나불나불 입 싸면
한평생 이웃 삼이웃 다 없어진단다

신정 무렵

옆집 순태 어머니 팔짜 한번 기박하여
오 년 전 병신 자식 순태 죽고 나서 미쳤지
간장독 간장 뜨다가도 실성실성 웃어 댔지
삼 년 전 늦은 수매 공판장 다녀오다가
영감탕구마저 차에 치어 죽고 나니 또 미쳐 버렸지
징징 짜기도 하다가 히히히 웃어 대다가 어쩌다가
언 빨래 보면 다 구겨서 분질러 놓기 일쑤
어느 때는 똥 누어 똥 먹고 제비 보고 무섭다 하지
자식 중에 불상놈 나와도 콩가루 집안이지만
대 끊고 죽어 버려도 그렇지 게다가 영감도 죽고
양력 설이 내일모렌데 춥기도 오사하게 추운 날
순태 어머니 묵은 성묘 한다고 남의 무덤에 다니더니
찔레나무에 머리끄덩이 감기고 따귀 할퀴었다
혼자 저러고 다니니 목도리 하나 있을 리 없지
아니나 다를까 밤중에는 언 살 터지며
이번에는 묵은 세배 한다고 이집 저집 문 흔든다
용해 빠진 개들도 수상한지 한 번 자지러지게 짖어서
동네 사람 잠자다가 텔레비 보다가 나오기도 했지
다음 날 할망구 윗도리 하나 사 입히자고
기백이 마누라가 돈 얼마씩 걷어서 장에 갔다

이 세상 저 세상 법 없이 살던 순태 어머니
미쳐도 칼 쥐고 미치지 않았으니 언제나 울고 웃고
이런 사람 앞에서 나라란 도대체 무엇인구
그 티 없는 눈매하구선 그 할망구 하나가
긴 겨울 움츠러든 동네 깨워서 온통 살구꽃 피게 하지
살구꽃 대신 온 눈에 새 눈 펄펄 내리게 하지
삼룡아 너 세배 갈 때 순태 어머니 빼놓으면 못써

비닐하우스

비닐하우스를 동네 사람끼리는 작은댁이라고 하지
종달이는 밥숟갈 떠도 굴뚝 같은 생각 거기에 가 있지
종달이 마누라도 밥에 반찬 격으로 기명 치고 거기에 가지
꼬박 초겨울부터 다섯 달 하우스 농사 반촉성재배
이것 저것 구멍 막을 데 막고 자식 학비도 대니
점심 때 나와 다시 들어가면 저녁 지으러 나오지
논 한 귀퉁이 오백 평 비닐하우스 거기에 매달려서
장인 장모나 세상 떠나야 쉬는 날 생겨나지
이 엄동설한 오이 크고 야들야들한 상추 뜯어도
내 입에 들어갈 것 아니지만 오늘도 내일도 가야지
채소 농사 효성 지극하니 여기에 효자비 설 판
하우스 안 비지땀 범벅 습기 또한 진하구나
저만큼 허리 꺾고 약 타는 마누라 아득하다
어지럽다 어지럽다 이러다가 바깥 나가면
추위에 논두렁도 깊이갈이한 논도 오그라든 처지인데
감기 하나 똑똑한 놈 걸려서 좋은 술도 떡도 남이다
이게 웬 일인가 아까부터 골 패고 구역질 난다
농한기는 쉬어야 하는데 고된 몸 아랫목에 구워야 하는데
돈 번다고 소득 증대한다고 작은댁 하우스병에 걸려
몸 망치고 나서 정작 농사철 농사 어찌 지으러 들에 가나

전보

구만서 영감 마고자 단추 금 단추면 뭘 하나
평생을 장호원들 죽산들 논마지기 불어났으나
안 먹고 안 입고 안 쓰고 안 주어서 불어났으나
큰아들은 서울 가 살고 둘째는 이민 가고
뺀뺀한 딸년도 서울 가 대학 다니다 미국 가고
집에 남은 건 덩그렇게 빈 집 영감하고 영감 마누라
허허 삼남매 있으나마나 농사 이을 놈 하나 없다
해마다 젊은 것들 서울로 가고 노인뿐이다
구만서 영감 신새벽같이 잠 깨어 생각을 거듭한 뒤
논 만팔천 평 밭 칠천 평 이 큰 농사 작파하기로 했다
서울놈들 불한당들 차 타고 와서 팔라 팔라 하니
입 꿰매고 인감 찍고 논밭 팔아서 돈 은행에 넣고
가물가물 이자 받아 지내니 남의 논 가운데 백로꼴이다
에라 모르겠다 바깥마당 오백 평까지 팔아 버리니
여름 입맛에 갈치 한 토막 안 먹고 불린 땅이여
가을에도 이삭 하나 남기지 않고 들여온 곡식이여
이제 일손 탁 놓고 살자니 하루하루가 첩첩하다
열두어 살부터 일밖에 모르고 살아온 몸이
  산지사방 돌아다 보아도 할 일 없으니 몸이 아프기 시
작한다
  이미 팔린 땅으로는 무슨 도로 무슨 단지 난다고

땅값이 펄쩍 뛰고 또 뛰고 야단법석인데
구만서 영감 몸져 누우니 기남 땅 부자도 이제 덧없구나 외롭구나
마고자 단추 금 단추면 뭘 하나 에헴에헴 뭘 하나
송화색 두루마기 입을 일도 없이 벽에 걸리면 뭘 하나
늙은 마누라도 노상 갱신 못하니 산 송장 둘이라네
하다못해 동네 이장이 부친위독급래 전보 쳐서야
다음날 저녁에 검정 자동차 타고 나타난 큰아드님
위독은 무슨 위독이야 사람 놀라게 했다고 이장 혼났다
노인들 심심해서 누운 걸 가지고 위독은 무슨 위독이야
읍내 병원 의사 불러다가 주사 두 대 놓고
가루약 봉지 타다가 머리맡에 놓아두고
아버님 저 회사 일 바쁘니 그만 돌아갑니다
절대 안정하셔야 합니다 어머니도 찬바람 조심하세요
부웅 하고 차 떠나 버리고 다시 두 산송장 남았다
논 팔았나 밭 팔았나 그런 것 묻지도 않고
서울 강남에서 으리으리하게 사는 큰아들 말고
미국 필라델피아라는 곳에 자리 잡은 둘째는 아예 남이라
딸년도 무슨 박사하고 곧 결혼한다는데 나올 리 없다
사위 자식 개자식이라지만 제 자식이 더 개자식 아닌가

구만서 영감 꺼진 얼굴 왕년의 구두쇠 간데없고
무슨 도로 난다는 팔린 논 위로 고니 떼 실컷 날아가는데

5

이른 아침

눈 온 줄 모르고 지게문 열어 봤다
어두커니가 아직 까딱 않는데
밤새 쌓인 눈 희부옇게 앞자락 가로막는다
호선이 어디 울음 반 웃음 반 하품할 사이 있느냐
눈 부비자마자 주섬주섬 옷 입고 나가야지
나가서 닥치는 것 고무래 들고 두어 가닥 길 냈다
비로소 네 다리 제대로 풀려 하던 일 익숙하구나
푸드득 새 달아나는 헛청에 가서
생짚 여물 고구마 줄기 썰고 사료 뒤섞어
가마솥 하나 가뜩 쇠죽 끓여야지
쇠죽 가마 걸직하게 불 때니
어느새 자던 아내도 나와서
뽀르르 여기저기 다니며 일손 놀리더니
부엌 큰 솥에 물 부어 군불부터 넣는다
호선이 아내 아궁이 앞에서 등은 춥고 앞가랑이 녹으며
뭐라고 한마디 구시렁대기를
쳇 눈 다 와 버리면 장마철 내릴 비 없겠네
어둔 부엌에서 제법 하늘하고 얘기하는구나
이윽고 마당에 쇠죽 냄새 소문나니
사람 코도 소 코도 함께 벌름거린다

중송아지까지 일곱 마리에 송아지 두 놈이면 큰 식구
어둑새벽 지나도 그냥 어둑발인데
호선이는 힘껏 쇠죽 퍼서 축사로 가져가니
잘 자고 난 놈들 여물통에 대가리 박고 야단이다
축사에도 김 자욱하고 부엌도 자욱하다
오늘 하루도 이렇게 살 만하구나 허허 살 만하구나
호선이 아내 간밤 코 골던 소리 어디다 두었나
얌전하디 얌전한 몸매 네 식구 밥 안쳐서
미운가 고운가 정든 아궁이 앞 쭈그리고 앉아
그렇지 그려 촛물 훗물 눈부신 불빛 물들어서
목구멍 재 너머 침 넘어가는 밥 재우치고 나니
마른 억새다발 마디게 탄 끝에 국도 넉넉히 끓여야지
어린 것들 별똥 같은 것들 밥 주어야지
내 낭군 흉터까지 받들어 밥 주어야지 밥상 차려야지
오 년 전 제금 난 호선이 일복 터져서
이른 아침 소 섬기느라 기운 쓸 대로 썼더니
배고파 고봉밥 뚝딱 먹고 나도 속이 걸쩍지근한 적 없다
배부르니 살 것 같다 장구통에 장구 소리 차 있다
배부르면 도둑도 도둑 아니고 거지도 거지 아니다
이런 밥 먹고 나도 여태 아침 일곱 시 겨우 지나니

컴컴한 방 아랫목 담배 한 대 맛 달디달다
그제서야 무던히도 긴 어둠 물러날 궁리하는지
부엌에서는 설거지 딸그락딸그락 소리 나고
옆집 삼만이네 어제 저녁 걷지 않은 빨래 보인다
대강 치고 들어오는 마누라하구선
오늘은 해장부터 말이 줄줄 나오네
추운데 문은 왜 열어 놓아요?
세상 바라보려면 흥부네 문구멍으로 보지그려

미양 고모

미양에서 안성천 건너 바로 오면 이십 리 남짓인데
안성으로 나가 거기서 또 차 갈아타니 뼹 돈다
미양 고모 아끼던 수박색 모본단 두루마기 입고
아직 목덜미 허전하니 털목도리도 사뭇 두르고
시집갈 때 울고 넘던 너구릿재 울었던 일 벌써 잊었다
겨우내 먹을 것 없는 멧새 찔레 열매만 쪼아 대는데
그것 보고 큰일인 듯 놀라는 여섯 살짜리 남숙이도 따라온다
이제 다 키웠지 다 키웠어
업고 다닐 나이 지나서 새우깡 하나 앵겼을 뿐
저만큼 앞선 고모 아 어서 와 해찰 말고 어서 와
너구릿재 성큼 넘은 뒤 종달잇재 왜솔 밭 지난다
고모한테는 친정이요 남숙이에게는 외갓집 아닌가
두 모녀 나들이 길에 추운 마을 영 변변찮구나
얼밋얼밋 면목 없이 돌아앉은 듯 송아지도 울 줄 모른다
그동안 친정 동네 무엇 하나 달라질 까닭 없이
모낼 무렵 목비 내렸고 올겨울에는 수풍 눈 실컷 왔지
금방 퍼질 무슨 일 나겠나 그저 시시콜콜할 뿐
아 글쎄 서생원이 시금치 씨 다 먹었어
어디 시금치 씨뿐이어 씨고구마도 수월찮이 파먹었어

너 낳고 나 낳은 마을 이렇듯 가만히만 있는데
엇따 재채기 한 번 나온 할머니 문 열더니
아니 저게 누구여 언년 아니어
아이고 세상에 우리 외손녀 남숙이 아니어
그 사이 저것이 저렇게 컸구나
새벽 꿈에 저것이 아장거리더니 헛꿈 아니었구나

뒷산

영농 교육 다니느라고 근근이 대던 땔감 동났다
무회 물부리에 담배 도막 끼워 물고
노래 없어도 심심한 줄 모른다
뒷산이야 노상 어머니 아닌가
가서 놀던 곳 울던 곳
속상한 누나도 올라가
혼자 싸리버섯 따던 곳
바람 텡텡 불어도 솔바람 소리 오히려 집 같다
담뱃불 던지고 거기다 오줌 누었다
삭은 가랑잎 따위야 땔감이 될 수 없으니
생솔 가지 듬성듬성 쳐냈다
산 주인 만봉이 어이 눈감아 줘야지 어쩌나
이것 두어 뭇으로는 택도 없으니
목장갑 끼고 되지 못한 아카시 줄기 베꼈다
베기도 고약하고 마누라가 휘어 때기도 고약하건만
불 기운 좋기로는 이것 말고 당할 것 없다
경운기 대어 둔 데까지 져 날라서
탈탈탈 타고 돌아오다가
속에 벌써 영감 들어앉은 홍식이 아들 만났다
어디 가니 문터 심부름 가요

벌써 저녁 냉갈 집집이 피어오르니
우리 집은 어쩌누 어서 가자
한 이불 이십 년 마누라하고 굴뚝이 기다린다

입춘

아직도 추운 밤인데
아직도 추운 아침 꼼짝하기 싫은데
내 동생 만길아
오늘이 입춘이구나

얼마나 고마우냐 오늘이 입춘이구나

아직도 겨울인데
이 겨울에
봄이 왔구나

만길아 나와 보아라
빈 들도
하늘도 부옇다
보아라 이쪽 장구배미에도
저 언덕 비알 밭에도
냉이 뚝새 파랗게 돋아났구나

아무리 숨 막히던 긴 겨울이라도
겨울은

끝내 하나의 봄이고야 만다
그동안
언 산 언 것들
그대들도 끝내 녹고야 만다

내 동생 만길아
일 년 중 가장 좋은 날이 오늘 아니냐
가장 좋은 날 입춘 아니냐
이 날이면
묘향산 지리산 범도 사람 된다
고목 한 그루도 눈 뜬 사람 된다

주린 새 드높이 날라간다
그놈들도 산 넘어가서 사람 된다
내 동생 만길아
나와 보아라

나와서
너도 나도 새 되든지
밭두렁 풀 되든지 하자꾸나

고샅길

겨울 해 짧다 해도 금방 출출해진다
나랏일보다 먹는 일이 크다
칠봉이하고 장표네 집에나 가 볼까
그 집구석은 마루턱 바랭이 밭을 지나야 하니
이리저리 고샅길 잘도 감돌아야지
언 데 녹아 붉은 흙 질척거리는데
이 흙에 목 달아매고
대대로 살아오니
우리 동네 고샅길 한 모퉁이에도
네 추위 내 더위 다 고개 숙여야지
어언간 세월이야 잘도 흘러서
어린 시절에는 고샅길 지나노라면
으레 도란거리는 소리 들렸으나
호랑이 장가가는 이야기
누나 업어 가는 이야기 들렸으나
이제야 노는 날 하루 텔레비에서
농구 배구 중계 소리만 요란할 뿐이다
감기 걸린 칠봉이 기침 소리가 사람 같구나
우리는 장표네 집에 가서도
묵 내기 막걸리 내기 할 수 있을까

그 집도 점보 농구에 딱 눌어붙어 있지 않을까
아 사람이 무엇한테 자꾸 지고 있구나

밤

오늘도 이 애가 왜 이리 늦나
하루 내내 갱신 못 하던 몸
가까스로 일으켜 세워
딸년 오는 밤길 마중 나간다
시집보내야지
시집보내려면 못해도 삼백만 원은 있어야 하는데
저놈 봐
정나미 뚝 떨어지게 시퍼런 달
초이렛달
이번 차도 서지 않고 그냥 간다
서울 간다는 걸
반월 간다는 걸
네 아비 숨넘어가거든 가라고
낫 들고 춤추어서
겨우 원곡 공장 다니게 했는데
공장 몇 년째 노래하고 잔병만 늘고
당신과 나 사이에
저 바다가 없었다면
자식 겉 낳지 속은 못 낳구말구
이 애가 왜 이리 늦나 무슨 일 났나

시집보내야지
시집보내려면 또 생빚 얻어야 하는데
시집 보내고
두 늙은이 엎드려 살아야지 꼭꼭 숨어야지
이애가 왜 이리 늦나
내 몸뚱이 얼기 시작한다
연수원 공사장에서 다친 뒤
내 몸뚱이 반품값도 안 나간다
이 애가 왜 이리 늦나
추울 때는 침 삼켜도 춥기만 하다
내 딸이라도
어디 내 딸인가
딸 두고 평생 걱정 두었다

초사흗날

정월 초사흗날 쌀쌀한 날 신명 난다
이 동네 풍물계 장원대 총각들
삼색 고깔 쓰고 풍장 치며 이 집 저 집 도는데
우리 집도 찌그러진 우리 문도 푸대접하지 않고
농기 앞세워 들어오니 우리 식구 달마중 나선다
한 번 자진모리 자쳐서 다시 한번 펴 나가니
장구잡이 두 팔 바쁘고 깽매기 더욱 기절한다
부엌 뒷간 가릴 것 없이 풍장소리로 다 울리고
헛간 외양간 담 밑 도랑까지 울려서 씻어 내니
어느 삼재 어느 팔난이 감히 범접하겠느냐
아버지는 큰맘 먹고 쌀 한 말 술 한 말 냈다
없는 살림에 추렴새가 이만하면 누이 매부 꽃도 피겠다
뒷산 덫에 꿩 걸리겠다 얼씨구절씨구 지화자로구나
우리 집도 걸립패 오니 동네방네서 당당하구나
한바탕 술 먹고 김치 가드락 먹고
아이들은 떡 먹고 배불러 어른 된다
풍장소리 다시 살려 옆집 과부댁에 문안 드린다
얼씨구절씨구 지화자 좋구나 썩 좋구나

객토

한낮이 다 가서야 트럭 두 대가 왔다
발산 부락 언덕 진작에 허물었다
붉은 흙더미 피 뚝뚝 떨어지게 살아 있다
그것을 실어다가
언 논 모랫논 삼천 평에 쏟아 붓는다
쏟을 때마다 붉은 흙 운다
땅 얼어서 객토에는 맞춤이구나
밤이 되자 밥보다 술이 좋다
소주 두 병으로 몇 잔씩
어둠 속에서
트럭 옆구리에 불빛이 달렸다
농사는 땅심에 있다
할아버지도 절던 망태 두고 나왔다
추운 밤
트럭이 또 와르르 쏟아 붓는다
이제는 흙이 울지도 않는다
동네 아이들도 다 나왔다
밤중 일 마치자
트럭 두 대 경작로로 올라가 돌아간다
아이들 어린 마음 텅 빈다

자 어서들 가자 가서 자야지
자고 나야 새 세상이지

하루

춘섭이 아버지는 비닐 지붕에 쌓인 눈 치웠다
피복도 얼른얼른 벗겨서 어린 채소 숨 쉬게 했다가
해가 진 뒤 다시 입혀 잠재웠다
반장 안 씨는 내내 마늘 밭 고랑 다시 내었다
웃거름 넉넉히 주고 볏짚 잘 덮어 주었다
집에 돌아와 돼지울 자리깃도 넣었다
세상에 돼지울처럼 손 가는 데도 없다
정순이 할머니는 파 씨 골랐다 가벼운 것은 헛되다
내일을랑 파 씨 묻어야 한다 재 덮어야 한다
날이 풀리니 사람 가슴이 설레인다 봉오리 맺히겠구나
정순이가 바늘에 실 길게 꿰니
정순이 할머니 정색하기를
너 요담에 먼 데 시집가겠다
그렇게 꿰지 말아라
정순이 삐칠 일도 아닌데 혀 낼름했다
수동이는 눈 남은 콩밭에 창애 놓으러 나갔다
쳇 네가 꿩 잡겠다고? 아나 꿩이 너 잡겠다

두레 소반

일찌감치 밥 지어서
국하고 차려 내어
밥솥에 찐
된장 투가리도 내어
침 넘어가는
시아버님
내 낭군
큰딸 작은딸
아들내미 한 놈
두레 소반 둘러앉으니
둥근 달 두둥실 떠오른다
나야 소반 아래
주걱 밥 한 사발 놓고 먹어야지
즈 아버지! 이 된장이 이 나라 아니우?
김치 한 가닥 찢어
밥에 똬리 쳐 먹으면 해 뜨겠다
즈 아버지! 이 김치 한 보시기
이 나라 비바람 은덕 아니우?
더 먹어라
더 먹어라

자 다 먹었으면
수저 놓고 숭늉 마신다
이 자욱한 숭늉 한 모금이
이 나라 저문 산과 물 아니우? 아니우?

6

진만이 졸업날

상마정 전 부녀회장 아산댁 스란치마 떨쳐 입었네
얼라! 열두 달 만인가 해 뜨네 멋 부리네
참 오늘이 둘째 놈 진만이 그놈 졸업식이지
밤낮 추레한 몸뻬더니 맨날 찬밥에 곯더니
동네 아낙들 우물에서 히마리 놓고 빨래 헹구다가
에그머니나 신선 났네 쪼르르 바라보네
잡상맞어라 옷이 날개여 훨훨 날개여
메주 사촌도 옷 입으니 남원 땅 춘향 각시여
이런 저런 희떠운 소리 싸래기 밥 먹은 소리
귀에 들려도 모르는 척 치마꼬리 잡아 끼네
아산댁 흰 고무신 코 한번 어여쁘구나
거기만은 천년만년 이팔청춘 색시로구나
문터국민학교까지 한참 걸음 경운기 태워 준대도 싫다
벌써 학교 마당에는 학부모 여남은 두세두세하는 중인데
해마다 한 학급씩 줄어서 학교라 해야 썰렁하네
올해 졸업 두 학급 쉰아홉 명 졸업이라네
이러다가는 몇 해 안 가 문터국민학교 아주 문 닫지
필경 문 닫고 단위 조합 창고로 쓰나 돼지 축사로 쓰나
선생님이라고 해야 뺨 붉고 해반주그레한 여선생 몇과
진작부터 털 날 생각 없는 대머리 선생

작달막한 교장 언변 한번 푸짐해서
먹을 것 없이 헛배 부르네 해 뉘엿뉘엿하네
졸업생 여러분은 이 나라 내일의 주인 어쩌고저쩌고
마당 복판 아이들 코 훌쩍거리는 소리 한몫
송사 답사 몇 번이나 연습한 감정 넣지만
졸업생 보태기 재학생이라야 이백 명이 안 되어 말똥말똥하구나
빛나는 졸업장 하나면 되는지 그 흔한 꽃다발도 없네
교장이 사치 풍조 막아야 한다고 꽃다발 하나도 금했다네
어디 그뿐인가 사진도 낭비라고 찍지 못하게 했네
하기야 이놈의 농촌에서는 안 쓰는 것이 버는 것이지
토닥토닥 빨아서 새물내 나는 옷 입었지만
녹은 마당 들고일어나니 진흙에 신발 벗겨지고
바람 끝은 아직 모지네 봄바람 되기 이다지 어려운가
학부모라고 해야 근방 농투성이 아니면 아낙뿐
마당만은 방학 때 빈 마당보다는 거시기하네
면 소재지로 가고 읍으로 가고 서울로 가 버리니
내 고장 국민학교 하나 꾸려 갈 아이들 없어지누나
이러다가는 문터국민학교 없어진다고 두 번 말하면
그게 잔소리 아니고 뭣인가 헛소리 아니고 뭣인가

못생긴 세종대왕 동상 이것도 어디로 옮겨 가겠지 안 그런가
  아산댁은 둘째 놈 졸업에 죽은 영감 생각 뻔하지만
  제 아비 찍어 낸 진만이 공도중학교 평택고등학교하고
  대학까지 보낼 생각 해 보지만 그게 어디 쉽겠는가
  졸업식 파하고 선생님 수고하셨습니다 인사하고
  어서 가자고 전나무 울타리 밖으로 나오니 그만이네
  저만치서 동무들과 해찰하는 아들놈 불러서
  아 길 가운데서 그러고 있다가 차에 치어 뒈질라고 그려
  졸업 축하고 뭐고 이런 욕지거리 버릇 개 주나
  얼씨구 바람 자네 게다가 길 싸게 걸으니
  괜히 바쁜 몸 멱살 밑부터 후끈 더워지네
  아산댁 중얼거리기를 오늘은 영감 못등에 보내야지
  아버지 졸업했어요 하는 둘째 놈 절받게 해야지
  저녁에는 큰마음 먹고 닭 한 마리 비틀어야지

항아리

눈 더미 석 달 끄떡없이 잘도 지냈네그려
이 덕택이네그려
묻은 김치 두 독 비우고
이제 하나 남은 것 새로 헐어
새 김치 먹네 입 안이 장가가네
눈보라 친 나날
가마귀떼 우르르 내리는 날
믿은 건 김치 이것뿐이었네그려

창우야 창순아 방 안에만 박히지 말고
나와서 바람 쐬어라
봄바람 맞아 보아야 크지 않느냐

창우 아버지 빈 독 캐어
저만치 돌려 놓으니
텅 빈 두 독에 바람 담겼네그려
그렇게도 꽉꽉 눌러 채워서
다 먹고 나니
이 세상에 몰래 빈 데 있네그려
남의 달에 낳은 갓난아기

어느새 쥐암쥐암 고사리 손 쥐고
내일모레 빈 독에 물 부어
실컷 우려내야지
우려내어 엎어 두어야지
어느새 우리 막내 갓난아기 섬마섬마 바야흐로 섰네그려

쥐불

그렇게도 추웠는데 손톱 빠졌는데
창길이네 논보리 어찌 웃자랐구나 짙푸르구나
겨울 가며 푸른 보리밭 있어야 사는 것 같지
번쩍 일흔 살 먹었다 어릴 때 연 날리고 돌아가면
밥상머리 으레 보릿국 끓여 밥 말아 먹었지

이러지 말자고 담배 연기 내뿜으며 살아왔는데
세월이라고 구정물하고 마구 흘러서
이제는 쥐불도 대낮에 놓아라 한다
사람은 없고 군하고 면만 있다 농협만 있다

봉만이네 낙필이네 논둑은 엊그제 태워서 시커멓다
저 건너 내리 새말에서도 한 군데 쥐불 놓았구나
들 연기야 가장 편하게 하늘에 오르지

여기나 저기나 젊은 놈들 씨가 없다
나 같은 늙은 것 아니면 조무래기 몇이 나서서
마당비 몽당비 하나 없이 그저 삭은 짚단 풀어서
거기 대고 성냥 그어 불낸다 불도 불다워야지 어디

불 놓아 불 따라가며 애먼 데는 솔가지로 쳐 주어야지
자식 놈 바쁘다고 나더러 논둑 밭둑 태우라고 하니
군에서 면으로 면에서 이장에게 이장이 집집마다
자식 놈이 늙은 아비더러 이렇게 하라마라 하니
나 혼자 들에 나와 무엇하고 벗하고 푸접하랴

아서라 집으로 가기 싫구나 옆 논에 불 넘겼다
저녁에 불 꺼지고 검게 탄 논둑 불쌍하구나
이러지 말자고 이러지 말자고 살아왔는데
날 저물어 좀생이 별 일찌감치 떴구나
손자 놈 혼자 오는구나 행여 이 할애비 어쨌나 해서

내 손자 놈 이놈아 곧 갈텐데 뭣하러 왔느냐
가자 반찬 없는 밥도 손자하고 먹으면 괜찮다
대보름날에는 여러 집 오곡밥 얻어먹어라
백 집의 밥 얻어 먹어라 그래야 봄내 병 안 든다
나 어릴 때 그날 밤 횃불싸움 횃불 네 개나 빼앗았지
암 원당리 놈들 다 빼앗기고 쫓겨 갔지
내 손자놈 이놈아 너도 열두어 살 먹으면 떠나겠구나

아낙네들

여산동네 아낙네 여섯인가 일곱인가
논두렁 건너
저 건너 잔등 넘어
수레기 가네
목도리 벗어서 허전하겠네
누가 죽은 듯 허전하겠네

오늘이 수레기 병술이 어머니 진갑 날이지
환갑잔치 못 했다고 진갑이 떠들썩하겠네

병술이 어머니
한두 파수 지나면
꼭 넘어와
육자배기 뽑던 병술이 어머니
저기 오는구나 하면
벌써 여기 온 병술이 어머니

오밤중에도 잘도 가던 할망구
엊그제 옥색 치마에 날아갈 듯하더니
벌써 환갑 진갑이라니

어쩌자고 이렇게 좋은 때 진갑 날이지
술 한잔 먹는 것도
먹는 것이지만
네 동네 사람 모여
춤사위 한번 우거지겠네

이때 아니면
언제 춤추어 보겠나
곡식 크는 동안 춤출 날 없네
아이고
내 새끼도 곡식도 구름 아래 애물이지

얼었던 논

그동안 얼었던 논
실컷 얼었던 논
녹아서
한 걸음 내디디면 대꾸한다
푹 빠져서
아 오랜만에 흙 같구나 흙 같구나

삼암리 회암리 정잣말 논 가운데
참 좋은 논 찰논
한두 해 사이
서울 사람들에게 넘어갔구나
어느새 다 넘어갔구나
이제 서울서 할 짓 없나
논 사냥 밭 사냥 한창이구나

몇만 평 논이 삼 할이나 그런 논인데
이백 평에 소작료 쌀 한 가마 떼면
가을 들녘 남는 것 없다
품값도 못 얻어먹고
하늘에나 논 사 놓고 울어야겠다

이제 제삿날도 대강이지 우러나지 않는다
우두머리 말도 군수 말도
그런 말 누가 믿나
소가 웃는다
송아지 웃는다

아무래도 내년에는 내 논도 넘어가리라
영농자금 받아 보아야
연체이자 굽실굽실 다 떼어 내고
손에 쥐니 몇 푼 되나
벼 베고 논 배추 심었더니
소나 주지
소도 안 먹어 폭싹 썩었네

복합영농 되는 놈이나 되지
애호박 구백 개 싣고
용산시장 달려갔더니 단돈 몇천 원 부르더라
내년에는 내 논도 넘어가리라

내년에 넘어갈 갑세

맨밥 먹고 나와서
논두렁 고쳐야지 다 무너졌구나
논두렁 가래질에 놉 셋은 얻어 와야지
논두렁 있고 논 있다
무던하게 논물도 가두어야지

집에서는 갓난아이 새살까는데
그것 앞에서
논 돌아다보면 걱정에 산 솟아오른다

내 새끼 물려줄 논도 없거니와
장차 내 새끼 농사 지으라 할 아비도 없구나
쌀뜨물도 못 먹는 농사 아닌가
농약 먹는 농사 아닌가
빚더미 농사 아닌가
왜놈 소작 법 되살아서
아무리 농사지어도 서울 농사 아닌가

논물

상묵이네 고논
겨우내 잔뜩 성난 얼음판이더니
오는 봄 어이하겠나
이제 퍼런 잔물결 위 물오리 왔다
논물 있어야 못자리 서두르지
암 뜸부기 귀신도 오지
물코 꽉 막고
논두렁 턱 높인 물에 물오리 왔다
여보 마누라 어서 돌아가
닭 우리도 벗겨 내소
어미 닭도 어미려니와
우리 햇병아리 맛배들 좀 마음껏 놀게
우리 마당도 함께 놀게

집 안팎 쓸며

썩은 섣달 밤 꼬박이 자고 나도
날 샐 줄 모르고 잔등만 아프더니
우수 경칩 지나자 잠 깨면
으레 날 새어 휑하다
두열이 마누라 눈 말똥말똥 떠서
천장에 대고 하루 일 생각하는데
이 생각 저 생각 사이
요사이 부쩍 늙은 서방 코 고는데
허벅다리에 다리 얹었더니 그친다
기특해라 곯아도 젓국이 좋고
늙어도 내 영감 좋고말고
그래 오늘은 말짱 집 안팎 쓸어 내야지
오늘 하루 쓸어 내야지
방안의 다디밋돌도 자리 바꾸고
농짝 밑 두툼한 먼지도 꺼내어 쓸어 내야지
겨울 내내 이 구석 저 구석 얼마나 답답했나
구석이 깨끗해야 반 짐 나가 온 짐 들지
퇴 밑 개 잠자리도 새 가마니 깔아 주고
뒤란도 벽도 온갖 먼지 글음
축 늘어진 거미줄 다 걷어 내어 바람 들여야지

집 안팎 청소해야 새 세상 맞이하지
그냥 팔짱끼고 서서야 어이 맞이하겠나
방고래도 쑤셔 내어 탁 트여야 푸른 연기 좋아한다
부뚜막도 물 발라 씻어내고
장독대도 말끔히 물 주어 씻어 내야지
울 밑도 쳐내어야지
생솔 가지 찍어다가 울타리 새로 하고
개천 치고 담 무너진 데 때워야지
하루 내내 허리 뻗뻗하구나
자 이러고 나서 거문고 팅기며 오는 봄 맞자
내 서방 발샅 때꼽재기도 후벼 내고
이러고 나서 먼 바다 북소리
장산곶 북소리 오는 봄 맞자
이런 봄 백 번 맞아
새 세상 온다 자손 온다

강아지

우리 집 멍멍이 밥 욕심 없는 멍멍이
새끼 다섯 마리나 낳고도 밥 탐 없구나
맨땅에도 낳아 놓고 가마니때기에도 낳아 놓고
제법 아집 버리고 꽤나 무심한기고
어디 절간에 도인 있겠나 이런 개가 도인이지
남편이 세 분이라 새끼 각각 다르다
한 놈은 검둥이 두 놈은 누렁이 얼룩이
허허 이 세상에 씨도둑 없다 없구말구
그렇다 멍멍이 암내 나자 이웃 마을 수놈들 달려왔으나
날마다 달려와서 통사정하고 갖은 양념 다 쳤지만
제 마음에 안 들면 끝내 문 열어 주는 법 없지
그중에도 눈에 든 남편 세 분이나 되었는지
세 아비 씨 받아 세 성받이 씨 받았구나
다섯 마리 마당에 나와 꼬리 치는 것 좀 보아
사람이고 개고 소경 눈에 안 보이는 하늘이고 간에
그것이 아주 어릴 때가 어여쁘구나
한 보름 지나 다섯 놈 중 네 놈은 보내야지
북녘으로 북녘으로 가는 새 아래 여기저기 나눠 보내야지
죽산 고모네 집에도 입장으로 이사간 봉만이한테도
또 수길이네 집에도 달식이네 집에도

식구 많으면 밥상머리 쓴 것 단 것 없더라
네놈들도 어서 가서 그 집 밥 먹고 커야지
커서 달밤 쓰라리거든 컹컹 짖어라
못된 놈들 권세 잡거든 도둑이거든 짖어라

제사

병우네 제사로구나
알전등 백 촉짜리 내다 밝혀서
귀신 오기도 좋겠구나
옆집 창우 어머니
창우 시켜 쌀 한 됫박 보내왔다
서로 제삿날 챙겼다가
앞뒷집 가는 정 오는 정 있어야지
그래야지 그래야 하구말구
안 그러면 이 동네 김 나가 버린다

지난 세월 먹을 것 귀할 때는
제삿날 밤 손상 가질러 오는 단잣군
흐흐 그 녀석들
소말뚝에 걸려 자빠지고 엎어지고 야단이었는데
치부책에 누구네 누구네 제삿날
다 적어 두고 고대했는데
이제는 그런 총각들 씨도 없다
하도 이 동네나 저 동네 총각 없으니
쟁깃말 총각 일선이 한 번 보면
눈에 번쩍 들어오지

목화 꽃 맛있게 먹던 시절
그 시절 눈에 번쩍 들어오지

병우 아버지 제사 좋은 때구나
여름 제사 없어서 다행이지
물컷 뜯기고 음식 상하고
덥기는 오사하게 더울 때는
제삿날 귀신도 욕 얻어먹지

큰방 사진틀 신문지로 덮어씌우고
구멍 난 것 때운 박병풍 펴고
현고학생부군 신위 지방 붙였다
병우 두루마기까지 입고
사뭇 효자로구나 효자로구나
방안 제사 요새는 열한 시쯤 끝낸다
주둥이깨나 굿이는 개 너도 기다리거라
한 상 차려 줄테니 얌전 빼거라

십 년 전 걸립 때
방짜 징 소리 요란하던 날

징 치고 돌아와서
배부르다고 그냥 누워서
그길로 세상 떴다
병우 아버지
평생으로 사들인 시루논 벼락 논
그것 한 번 바라보지 못하고 떴다

제사상 흰 메에서 김 나간 지 오래다
아헌 종헌 지나서
병우 형제 음복하고 사신했다
닭 우는 소리도 없이
한밤중 는개 자욱한데
귀신 돌아가는 길 구죽죽하구나
귀신이 별것인가
사람 쓰레기지
병우 밖에 나와 라이터 불에 지방 살랐다
아버님 내년에 또 오시지요
밥 조기 반찬 잊을 리 있겠어요 큼큼큼

냇둑

쌀 한 가마에 이만 몇백 원 적자인데
이런 농사 또 지어야지
봄이 왔네 봄이 왔네
쌀농사 호당 적자 칠십만 원인데
이런 농사 벌써 몇 년째인데
장관 나으리 삼 퍼센트 인상으로
실질소득 보장된다고 개소리
빚더미에 주저앉은 농사꾼 보아라
쌀 수매 일제 때 공출하고 뭣이 달라
게다가 영농 기술보다 경여 기술 어쩌구
빚도 따지고 보면
경영 자본 어쩌구저쩌구
이런 개소리하는 방송국 소금 창고로나 써야지

우리네야 하우스재배를 하나 터널재배를 하나
그것도 뛰는 놈 위에 나는 놈이 하지
하우스 한 채 백만 원 없이 용쓸 재주 없지
아서라 한가할수록 느는 건 걱정
앞산 첩첩하고 뒷산도 겹겹이구나
넨장칠 것 서넛만 모여도

빚 걱정 소 값 돼지 값 걱정
말 좋다 농축산물 수입 개방 개방 개방
내 오줌에 데워 죽을 놈들

아랫녘 농부 자살했다는 소식
그런 소식이야 신문에 나겠나 텔레비에 나겠나
농민 대회에서는 유독가스 뿜어서
눈물 콧물 질질 흘리며 흩어졌다지
장관 물러가라 외쳤다지
읍내에서 장터에서 소시장에서
농협장 직선제 실시하라
예비군 훈련장에서
농축산물 수입 중단하라
순자야 고향으로 라는 만장 휘날렸다지
상여 메고
농민희생기획원이 경제기획원이라 했다지

천하 고약한 것들 같으니라구
선거 때는
면사무소 농협사무소 텅 비고

이 마을 저 마을 이 잡더니 서캐 잡더니
별의별 아첨 떨더니만
선거 끝나자 콧대 더 높아져서
영농자금 얻기가 땅에서 별 따기 아니냐

우리도 팔 걷어붙여야지 들고일어나야지
봄이 왔네 봄이 왔네
자 동북이 한잔하세
소주 한 병하고
논 한 마지기 바꿔 버리세
자 한잔 들어
처삼촌이 따라도 술은 남이 따라 줘야 맛이라네
한잔 먹고
들 나가 냇둑 밟아 보세
냇둑 밟아 발바닥 잠 깨우세

7

하늘

우리 동네 어르신 길모 할아버지께서는 상긔 끄떡 없으십니다
무얼 잡수시고 그럴까 용봉탕 잡숫고 그러실까
에끼 놈 탕은 무슨 놈의 탕 쇠비름이야 못 먹지만
소처럼 닭처럼 그놈들처럼 개비름깨나 잡수셨지요
올해 여든다섯이신데 그 춘추에 정정히 서서
하늘하고 허물없는 사이 되시는지 삿대질 대단하십니다

이런 놈 보았나 이번 큰비 때 아닌 비 퍼붓는 놈 보았나
애원성도 모르나 이 땅의 대대 뜻 용춤으로 훨훨 이어받지 못하고
이렇게 모 심은 논 어린 모 다 죽이는 놈 보았나
하기사 내 평생 내 말 들어 준 일 없는 놈이지
좀 며칠만 버언해 달라고 얌전해 달라고 하면 더 울고 짜지
여기저기 좀 적셔 달라고 하면 심술 놓아 나락 잎새 말리지
원 이런 놈이니 이런 싸가지 없는 놈한테 뭘 바라겠나
그래도 네놈밖에 없으니 네놈 섬겨 살아 봤다 봤어

우리 동네 꼭두 어르신 길모 할아버지 이렇듯 하늘에 허물없으니
　허허 동네 고샅 길 조무래기들까지 그 뽄 보고 서서
　파란 하늘더러 야 하늘아 이놈아 쑥떡 먹어라 야단입니다
　그 어르신네 아래 이 아이들입니다 그 하늘에 이 나라입니다

가로수

일제 몇십 년은 포플러 나무가 겁나도록 자라났습니다
그 나무 밑으로 모집 정신대 공출 나락깨나 실려갔습니다

휴전 이래 이승만 독재 정권은
어느 길에나 수양버들을 씨근벌떡 심었습니다
그게 썩 잘 자라 주어서
육이오로 망한 땅 가로수 노릇을 했습니다

소위 유신 체제 이래 박정희 군바리 정권은
무슨 지랄인지 길에도 언덕에도 산에도 마구 심었습니다
그게 은수원사시나무였읍니다 현사시 나무였습니다
신품종 낸 현모 교수의 성을 따서 현사시였습니다
이것도 썩 잘 자라서 이내 키다리 가로수였습니다
바람 불면 잎사귀 발랑 뒤집혀서
온 세상이 데모처럼 부옇게 바뀌고 맙니다

그런데 이 자유당 노류장화 수양버들이나
공화당 놈의 현사시 나무나
꼭 그 나무들 장려한 정권하고 어찌 그리도 닮았는지
우선 당장 키 큰 나무가 되어 고도성장했지만

해마다 오월이면 그놈의 씨앗 날개로 세상이 뒤숭숭합니다
그것으로 온통 병납니다 그것으로 화납니다
그렇지 않아도 이 뒤숭숭한 오월인데
어디 모판이나 모낸 논이나 이렇게 지저분해서야 되겠습니까

삼줄

자고 나니 종만이네 집 대문에 삼줄이 걸렸네
딸이구나 딸! 아들이 아니고 딸 낳았구나
왼쪽으로 꼰 새끼에다가 뒷산 솔가지 쪄다가
솔가지 넷에 숯 덩어리 다섯이나 끼어 놓았네
올해 국민학교 오 학년인 종만이한테
응애응애 우는 어린 누이 생겨났구나
사람들 득남 때만 인사가 오색단청이더니
딸 낳으면 그저 순산해서 잘했네 하고 만다
아침나절 모내기 뒤 모 때우러 나가다가
상렬이네 집 앞에서 서너 사람 혓바닥 품 팔기를
저 집 딸 낳았지 딸이야 살림 밑천 아닌가
허기는 멋없는 아들놈보다 딸 재미가 아기자기하지
커서는 늙은 에미 동무되는 넌 얼마나 좋은가
다만 조상님네 산소 출가외인이라 섭섭이지
그러나 아들이건 딸이건 무슨 소용인가
이놈의 지긋지긋한 논밭에서 평생 살 놈들 아니구말구
다 서울 가든지 평양 가든지 갈 놈들 아닌가
아들 낳아도 그렇고 딸 낳아도 그때뿐이지
이 황토밭 여뀌 풀 하나 뽑을 놈이 어느 놈이여
이제 농사지을 놈 하나 둘 떠나고
텅 빈 들 될 때가 오고야 말지 암 오구말구

개구리

밤새도록 울어서
개골개골 울어서
그 힘찬 울음소리
논을 만들지
논 만들어
가난뱅이 주어야지
상쇠네 참만이네
금순이네도 서 마지기
에따 주어야지
보아라 아침 논들
저렇게 색시로구나
뭇개구리 잠들었구나
밤새도록 울어서
개골개골 울어서

뒤엄

긴긴 겨울 우리 동네 한두 사람은 끝내 설미쳤지
너무나 지루한 나날이었지 이징가미 한 조각에 털 났지
하필 정월 열이렛날 옥달이네 초상 나서 애고대고
초상집 술에 설미쳐서 으악새 슬피 우니 불러 댔지
동네 으른들 아낙네들 쯔쯔쯔 혀끝 차며 머퉁이 주었지
그런 평식이 언제 그랬냐는 듯이 나 보란 듯이
오늘 한천 둑 아래 천오백 평짜리 논으로 뒤엄 낸다
겨울 내내 언 날에도 깊이깊이 말없이 썩어서
마침내 썩은 뒤엄 꽃에 비하랴 단풍에 비하랴
평식이 뒤엄 한 수레씩 날라 가며 논과 사람 하나 되네
저놈의 버드나무 좀 봐 아까 다르고 지금 다르네
이 세상에서 네가 먼저 봄이구나 커다란 봄이구나
하기야 달무리도 찡찡 울고 아침에는 벌써 아지랑이니
삼 년 묵은 말가죽도 외용지용 소리 한다지 않나
경운기 소리 탈탈탈탈 바람 돌리면 저쪽에서 틀틀틀
그동안 적막하던 들 이제 경운기 소리 장 섰구나
열 도깨비도 스무 도깨비도 뛰어다니는구나
벌써 보름 내내나 이렇게 경운기 소리 끊일 새 없으니
이게 봄 아니고 뭐냐 봄이로구나 봄이로구나
아무도 나와 인기척 낸 적 없던 들 텅 비었던 들

인정사정없이 얼었던 흙 뼛속까지 팍 녹아서
처음으로 흙다운 흙 냄새 풋풋 난다 코 좋아라 한다
야 빨간 상놈 푸른 양반 놈 제발 너나들이하거라
이 나라 봄 무릇 차별 없이 자욱하여라 우리여라
어느덧 독새기 우거지는 논마다 뒤엄 부려 놓으니
띄엄띄엄 뒤엄 무덤 먹음직스러워 배부르구나
논마다 이제 독수공방 한 풀었다 사람 있다
퀴퀴한 거름에도 곶감 가루 하얗구나 소리도 난다
이 뒤엄이 조상 같다 형제 같다 눌리고 눌려 이루었구나
쇠똥 짚 풀더니 잔뜩 섞은 효소 거름 먹어야
그놈의 금비에 굳은 땅 번쩍 눈뜨고 살아난다
저기 좀 봐 완철이 내외는 벌써 거름 헤쳐서 다 덮어 가네
밤이나 낮이나 잠만 잔다고 소문난 완철이 내외
이제는 일 억척이네 하늘이 알고 마을이 다 아네
한평생 또 한평생 지긋지긋한 일이 일이건만
이 일 말고 우리에게 무슨 놈의 대머리 같은 일이더냐

대동 놀이

걸핏하면 열두 상모 휘둘러 대며 잔재주 부리며
고깔 쓰고 냅다 징 치는 줄 알지만
걸핏하면 장고 설장고 치는 줄 알지만
정작 이 마을 저 마을은 잠잠하구나
그저 밥 세 때 치르고 묵새기누나
새 몇 마리 다투는 소리에 무슨 일인 듯 문 여누나

못자리 터 잡고 나서 물쑥 수북수북한 날
문득 한갓질 때 생각난 듯이
겨우 지붕말랭이만 한 바람받이 뒷동산 가서
늙은 소나무 몇은 아이들 등쌀에 번질번질하구나
온 동네 사람 다 와요 다 와
술 서 말에 돼지 한 마리 잡으니
돼지오줌깨 하나로 아이들은 축구 놀이 신난다
여기 오려고 일부러 점심 거른 사람 있고
걸직하구나 누구네 물러 빠진 동치미까지 나왔구나
비계 두어 점에 배 부르니 술도 보기만 한다
고기도 먹어 본 놈들이 잘 먹지 그놈들 삼겹살이지
애들아 크는 애들아 너희들 많이 집어 먹어라

정초 막판 수매장에서 삿대질깨나 하고 서먹하던 사이
오늘에야 서로 사화 술잔 주고받기도 하는구나
그처럼 함께 일하고 이처럼 함께 어울려 하루 놀고
이래서 깊은 정 이름 없이 들어 촌수 가까워진다
슬픈 일 나누고 기쁨도 쪼개어 서로 가져야지

누군가가 커다란 소리로 술에 돈 소리로 말했다
아 우리네 농사꾼 하나에 얼마 나갈까
피해 보상 기준으로 보면 농사꾼 값 개똥 값이지
농민도 그렇고 농산물 값도 개똥 값이지
히히히 웃을 일이 아니어 울 일 아니어
아 복숭아나무 모양 진물 나며 들고일어날 일이어

마늘 밭

기특하기도 하지 에그머니나
내내 숨통 한번 제대로 터 주지 못했는데
얼어 죽지 않고
숨 막혀 죽지 않았구나
꼭 이 나라 어느 고장 같구나
죽은 듯 하지만
죽어 본 적 없는 그 고장 같구나
이제 볏짚 다 걷어 내니
하늘 아래
마늘 쫑긋쫑긋 자라나
말 한 마디 토할 듯 하구나

나야 들은 척 할 것도 없이
걷은 짚 불태워 버린다
그놈의 고자리파리 애벌레 다 죽었구나
아내는 메주 깨뜨려 장 담는다
장 쉰 적 없지
그래 백성 그른 적 없지

농로 보수

그동안 메마르기는 저으기 메마르더니
사람 쪼글쪼글 늙는 소리 나더니
그 소리 뚝 그치고 봄이라 길도 부슬부슬 풀어졌다
마을 어귀 반장네 집 앞에 사람들 모였다
날 잘못 받았구나 하필 황사 자욱한데
씨 뿌리려고 다듬어 둔 반장네 텃밭 하나
괜히 아이들과 개들 노느라고 버렸구나
에끼 놈들 부랄 까먹을 놈들 다리몽뎅이 분질러 버릴 놈들
반장 삼수 씨 그런 욕 꾹 누르고 그냥 어울린다
오지 못하는 기철이 할머니 그 늙은 홀엄씨는
돈 이천 원 꼬깃꼬깃 보내고 한나절 품 때웠다
진만이네는 투덜대는 마누라 떠밀어 내보냈다
또 복술이네는 숫제 중학교 다니는 놈 보냈구나
스물아홉 가구 경운기 열네 대나 있지만
나온 두 대면 흡족하게 흙 실어 나를 수 있다
동구 밖 상엿집 뒤에 가서 쉽사리 흙 파 오면 되구말구

반장네 집 앞 나서면 거기서부터 바로 논이다
먼저 농로 언덕 죽은 데 돋우어 쳐올려야지

농로는 겨울 지나고 나서는 허한 데 많다
그 모진 추위에 견디어 낸 나머지 안 그럴 수 없지
바로 엊그제 이 길 가다가 득렬이네 경운기 굴렸다
일 년 농삿길 고쳐야 농사 짓지 암 그렇지
제기랄 농민 절반이 소작농이라지
시지부지 말어 이 참혹한 일
한 번 이 딱 부러지게 따지고 넘어가야 해
그냥 넘어가지 말어
뭐라고 뭐라고 헛수작 부리는 말 곧이듣지 말어
뭐라고 달착지근 녹이는 말 믿지 말어

양계장에서 깨진 달걀 주체 못하는데
예순 갠지 일흔 개 보내왔다
얼씨구 아무리 깨진 것이지만 큰맘 먹었구나
하기야 그 노랑이인들 깨진 달걀 장근 먹어 대니
양계장 동생 종식이네도 목에서 닭의 똥 냄새 난다지
아나 개나 먹어라 돼지나 먹어라
그러니 깨진 달걀 큰맘 먹은 것도 아니잖아
하여간 농로 보수에 깨진 달걀 선심 썼으니
냄비 하나 물 길어다가 붓고

논두렁에 걸어 놓고 달걀 삶았다
소금 있어야 먹지 아니 술 있어야 안주 삼지

저쪽 정잣말 쪽 논두렁까지 엔간히 고쳐 나갔다
못자리 끝내고 세멘 한 부대 쏟을 데도 여기저기
어떤 일이고 일이란 날 저무는 법이지
긴 봄날도 깻묵같이 저물어
하늘 좀생이터에 좀생이 아버지 뜨나
산도 들도 일자무식으로 꺼므꺼므하구나

못자리

진만이네 상술이네 다랑논이야 늦심기 잘 견딜 품종이겠다
농사꾼은 제 논 성질 알아야지 마누라 성질도 달라지지
금동이네는 작년 못자리 터에 그대로 올 못자리 하는구나
아직 웃통 벗을 때 아니다 더워도 입은 채 땀 절어야지

그동안 소금물 가리기와 소독 끝낸 볍씨 정성 지극해
이레 동안이나 물에 담가 밤에는 추운 별도 보게 하고
방안에 들여다가 첫 이레 보낸 갓난이 모양 싹 틔웠다
암 이 정성이면 박달재 걸린 구름도 내려와 봄비 되겠구나
이천 평에 여덟 말 볍씨니 금동이네는 열두 말 나수 된다

못자리 한 판이 어찌 수월하랴 못자리 터 밑거름 해야지
본 논도 따라 거름 주어야지 규산질 비료 뿌려 주어야지
뜸도 들뜸모 막게 미리 모판 흙에 다찌가렌 섞어야지
아이고 이제 씨 뿌려야지 너무 배면 잘록병 생기니
씨 뿌린 뒤 왕겨숯 뿌려 골고루 이불 덮어야지
논에는 농사꾼이 부모지 어느 놈이 부모겠나

못자리 흙 다루는 솜씨 볍씨 다루는 솜씨
그 솜씨면 벌써 밭농사 다 지어 며느리 절받겠네
활대 잘 휘어 박은 뒤 비닐 터널 짜증내지 않게
찬바람 들지 않게 꼼꼼히도 씌워야지
왜가리 두 마리 날아다니지만 날개 접을 데 마땅찮구나
쳇 동네 처녀 하나 남은 것 시집간 뒤
금룡이 올해 서른 턱 밑 여간 허전하지 않겠다
먼 산더러 계집년 다 서울 가는데 너는 왜 못 가는구 쳇

병든 사람

배탈 나면 겨우 엄지손가락 바늘로 따 피 한 방울 내는데
병원이란 농수산부보다 기획원보다 더 먼 데지
거기가 어디라고 거기 간담 거기가 어디라고 거기 간담
농사짓다가 병 나도 지게 대신 구들이나 져야지
이렇게 누워 세월 보내다 허허 중병인 줄 알아야
병든 순태 아버지 트레일러에 실려 병원 갔지
마흔다섯 날품 팔아도 실컷 팔 나이인데 의료보험 냈으니
기껏 면 소재지 병원에 다니다가 괜히 돈만 축내고 나서야
이것 안 되겠다고 작정한 마누라 등쌀에
사채 얻어 평택 큰 병원 갔다 택시 타고 갔다
큰 병원이라고 해야 되지못한 것 같으니라구
콩만 한 것들이 간호원이라고 푸대접이 이만저만이어야지
의사 양반 좀 봐 무슨 벼슬인지 환자 냉대 사무치누나
아서라 말어라 병원이 병 도지는 곳인 줄 여태 몰랐구나
돌아왔다 병 나을 생각 없다 좆도 낫든지 죽든지
이놈의 마누라야 울지 말어 떼쓰지 말어
어디 나뿐인가 몇 년 전 서너 달 동안에 쉰 명이 죽기도 했단다
충남 홍성군 농약 공해로 그렇게 앓다가 죽기도 했다

농촌이 잘 되어 간다고? 풀 뜯어먹은 소 낙태를 안 하나
사람 피에서 파라티온 안 나오나 돼지도 병들기 바쁘다
새끼들도 어른도 감기 떠날 날 없는데 살기 좋다고?
순태 아버지도 처음에는 과로라고 곧 낫겠지 했지
  그러나 웬걸 몸은 천근 같고 가슴이 콩닥콩닥 울려 대는데
이게 무슨 병인가 무슨 지랄병인가 땅이 꺼지는구나
순태 학교 갔다 와 아버지 서울로 가세요 서울 병원으로
제가 학교 그만두고 일할께요 아버지 가요
논 팔아 병 고쳐요 제가 일해서 논 살께요
이놈아 논 팔다니 네 할아버지가 머슴질해 산 논 팔다니
어기적어기적 등짝으로 기어 문 열어 들 바라본다
사채 얻은 것 큰일이구나 눈물 따위 말라 버렸다
칵 뒈질까 부다 뒈지기 전에 뭣 하나 때려 부술까 부다
병 앓아 보면 그 나라 안다 그 나라 싹수머리 안다
어린 자식 순태야 네 세상이나 이러지 말아야 할텐데

버드나무

집 가까이 두어 둘 나무 아닌데
노류장화인데
아무짝에도 쓸 나무 아닌데
노류장화인데
오로지 한 가지 큰일 하누나
그놈의 겨울 치어 내며
다 삭아 버린 세상에
너만이 맨 먼저 푸르르구나
너로 하여금
온 누리 새로움이여
이 모진 땅
빼앗긴 땅
실컷 굶은 땅
어느 누구한테도 새 세상 열어 주누나

달룡이 어머니

달룡이네 논에는 달룡이 어머니
이 넓적배미 문풍지 우는데
혼자 납작 엎드려 논두렁 바르네
천하 만물에 봄이 왔네
봄이라고 사흘 나흘 얌전한 날 있던가
저 건너 경운기들 부산 낳게 오고가지만
달룡이네 논에는 달룡이 어머니
푸르딩딩 부아 난 듯 입 다물고
이놈의 잔등이야 허리야
어쩌다 허리 펴 하늘 보면
원 하늘도 어중간하게는 매갈이를 하는지
물 먹고 흐려서 봄 날씨 하네

달룡이 서울 갔네 너울 갔네
작년 재작년인가 서울 가서
배냇버릇 다 버리고
공돌이가 되었는지
청계천 철물점 심부름꾼 되었는지
식당에서 물 뿌리는지
달룡이 누이 달금이야

진작 서울로 가서
열여섯 살 때 구로 공단에 가서
거기 그냥 있는지
뼈품 파는지
호텔 드나드는지
살품 파는지
니나노로 빠졌는지
어디로 빠졌는지
미아리 서라벌로 넘어갔는지
어느 집 부엌에서 밥 차리는지
이따금 돈 부쳐 오지만
주소는 필경 딴 주소라네

달롱이 아버지하고 어머니하고 개 한 마리하고
한숨하고 또 한숨하고
논 한 배미에 아등바등 매달려서
욱어 드는 빚 나으리에게 바치고
다 바치고
달롱이 아버지 심화 끓이다가
그만 딸꼭! 세상 떴네

자식들한테 전보 하나 못 쳤네
어디 있는지
어디 있는지
동네 사람 모여서 그냥 상여 나갔네
당질 아이 하나가 상여 뒤따라 나섰네
달롱이 어머니 아침마다 울었네
머리 풀고 운다고 무슨 수 있나
설움 복받치고
폭폭하면
영감이 두고 간 농사 지어야지
어디 가겠나
상추 씨 갈고 쑥갓도 뿌렸지
과수원 집 하루 이틀 품 팔고
품값으로 차지한 헌 텔레비 흑백 텔레비
그것으로나 푸접하며 긴 밤 보내야지
육갑하네 잘 사는 농촌 대풍 농촌 어쩌구 풍 떠네

농사철이야 어디 그 따위 텔레비 볼 틈 있나
그냥 꺼 두면 둥근 달 안 뜬다네
하룻밤 여섯 시간 잠자면

눈곱재기 달고 일어나야지
일어나 당그래로 재 긁어 내야지
돼지 먹여야지
달룡이 어머니
이것 먹어 저것 먹어 할 낭군도 없이
혼자 밥 먹고 간장 떠먹고
영등 손님 오는 날
바람에 휘날릴 것도 없다네
밭에 가 흙 보고 통사정해야지
논에 가 못자리 터 보아야지
논두렁 발라야지
곱게 발라야지
달룡이 어머니 과부질 톡톡이 하네
자식 두엇 있는 것 없는 것만 못하고
영감 없는 것 있는 것만 못하네
못하구말구
그러나 저러나 영감 생각 굴뚝같다네
여보 영감아 부르면 대꾸 한번 시큰둥 해 보시우

꿈

어제는 상복이도 한나절 어질덤벙했지
곗쌀 서 말 선뜻 내주면 그걸로 고만이지만
어디 그럴 수 있나
같은 곗꾼 병관이하고
이 집 저 집 쌀 받으러 다녔지
용운리 완식이 딸 시집가니
용운리와 우리 동네 곗꾼 스물한 집
각각 서 말씩이니 그 돈도 큰 목돈이지
쌀 실어 보낸 뒤 몇몇이 남아
도토리묵에 소주 털어 넣었지
한나절 개천 치려다가 이렇게 되었네
용운리 달수 말이 옳아
농촌 잘 되어야 나라 되는데
돼 가는 꼴 보니
농촌도 나라도 개코나 썩 잘 되기는 글렀어
이래 저래 상복이도 알딸딸하게 취했네
집에 오니
침침한 부엌에서 마누라 튕겨져 나와
한 마디 쏘아 대는데
그 말에 대답해 무엇하나

밥 생각 없네 하고 방에 들어가 짐 부렸다
그 길로 아주 잠들었구나
새벽 소피 보고 잠들었다
꿈이 길었다
우리 동네 서른네 가호 말짱 비어서
텅텅 비어서
빈 집으로 남아서
참새랑 서생원이랑 노래기랑 살고 있었네
어디 갔나
어디 갔나
모두 어디 갔나
솔 심어 정자로구나
솔바람 소리만 싸악싸악 쓸어 대는데
밀수제비 떠 한 그릇 나눠 먹을 사람
동네 사람 어디 갔나
그렇게 좋다는 달동네 갔나
깨어 보니 꿈이기 망정이지

한식

그렇지 청명에 죽으나 한식에 죽으나
비석 쪼가리 하나 없는 무덤들
추레한 무덤들
살았을 때하고 똑같다
죽어서 십 년 혹은 삼십 년 되어 가니
하 어지간하다
가랑비 여우비 내려서
산 자손 이마라고 적셔 주고 개인다
순박한 사람들이었다
눌려도 눌려도 순박하기만 했다
어찌 그리 용하게도 순박하기만 했나
동해 물이 양반이라면
서해 물은 만백성 같다 고향 같다
순박한 사람들의 이야기 같다
그런 바다 희뿌옇게 보이는데
내 조상들 산소
증조할머니 산소 흙 돋우고
잔디 몇 삽 떠 때웠다
할아버지 산소도 손댔다
세 벌 김매고 돌아올 때도

늘 꼬래비로 처져서 오던 할아버지
신떨음 한번 없이 산 할아버지
이 조상들 오늘 가로대
이제 농투성이 순박하지 말어라
좀 사납고
뻣뻣하고
생떼 단단히 쓰고
여우 꾀도 낼 줄 알어라
면장 오면 굽신대지 말어라
서울 놈 오면 작대기로 쫓아 버려라
그놈들한테 순박하다는 말이나 듣는 얼간망둥이 말어라
백 년 묵어라
늑대 멧돼지 도깨비 되어라
왼 다리 칭칭 감아 돌려 버려라

8

삽

　보아라 마른 논에 물 들어왔구나 굽이굽이 살아 돌아왔구나

　물이란 물 다 빠진 논바닥이더니 오오 내 자식 밀물이구나

　넉넉잡고 뒷갈이 마음껏 끝낸 논마다 흰 물 남실거리니

　그동안 내 세상 만났다고 얼른 우거진 독새 자운영도 잠겼구나

　물 한 모금 입에 물어 확 뿜은 듯한 잔물결도 널리 이는구나

　얼레빗 참빗 품에 품고 시집온 지 삼십 년 된 마누라 복인가

　일손 멈추고 멱살에 으스스 땀 들이며 다른 논도 바라본다

　보아라 여기 저기 논과 사람이 하나 되어 들까지 사뭇 마당이다

　대길이네 논 고르기에 일곱 사람이나 상놈의 덕으로 품앗이인데

　홍식이 필호 상철이 제환이 양래 번지질 썩 잘 하는 석만이

　새참 먹고 얼큰한 김에 허리 꺾어 한바탕 일 해치우니

이놈의 일 하나야 어느 놈에게 뒤지랴 쉬슬듯 해치우니
 보아라 논두렁 탐스럽게 만들었고 논 구석구석 잘도 골랐구나
 어느새 만수터로 해 지고 헛간 같은 어둑발 가득 퍼지는데
 여태 할 만치 한 일 딱 끊어서 자 이만 돌아가세나
 먼저 팔다리 아시 싯고 신발도 논물에 헹구어 신고 나서
 하루 내내 쓴 삽 한 자루도 물에 넣어 새 삽 되는구나
 내일 우리 일에 자네 집 번지 좀 지고 나와 하고
 석만이한테 필호가 말하자 고개 끄덕이고 드높은 까치집 본다
 하루가 어디 하루인가 도깨비한테 속은 담뱃불 뚜렷하게 어둡구나
 논에서 집이라야 뒤보는 사이에 능히 닿을 수 있건만
 하루 품에 무거운 몸이라 돌아가는 걸음 발바닥이 땅에 붙는다
 자 내일 보세 하고 홍식이가 먼저 제 집 골목으로 가니
 이어서 알량한 길갓집 상철네 집으로 상철이가 들어간다
 이렇게 오늘 일꾼들 이 골목 저 골목으로 빈 몸 흩어지고
 맨 나중에 하나 제환이 영감이 웃뜸까지 혼자서 나부끼

며 가네
 한숨도 웃음도 잠들어라 하루 일이 천근 나가고 만근된다
 번쩍 어둠 속에 빛나는 삽의 등때기 돌려 풀에 박으며
 이놈의 풀하고 여름 내내 싸움해야지 함께 살아야지
 벌써 개는 예까지 나와 자진모리로 꼬리 내두르며 반기는데
 아버지 오신다 나가 봐라 하고 늙다리 마누라 챙기는 말소리에
 쪼르르 나온 셋째 놈 막내 놈 허어 요것들 허구서는
 어디 이게 내 자식들인가 속담에 서른세 해 만에 꿈 이야기인가

노래

자 줏어 섬겨 보세나 조상님네 입담 아니라도 그냥 섬겨 보세나
눈에 번쩍 쌀 밀 옥수수 콩 조 수수하고 또 뭣이더라
이게 무슨 팔도강산 오곡백과 전시장이냐 작것
농축산물 수입 내력이로다 옳지 등신같이 병신같이
자발떨이 주둥이로 동서남북 출싹거리며 줏어 섬겨 보세나
자 귀리 팥 녹두 심지어는 후추까지 어디 후추뿐인가
완두콩 교도소 콩밥 콩 감자 대추 자두 마늘하고설라무니
양파 고추 참깨는 두말 세 말 할 것도 없구나
땅콩 유채 양배추에다가 생강 오이까지 오이 할애비까지
시시콜콜 상추까지 파 당근까지 부추 참기름 국수 식빵
아이고 누에고치까지 건포도 바나나 파인애플은 꼽을 것도 없구나
요것 봐라 버섯 곶감 오렌지는 물론이요 감귤 레몬 자몽이라
면화 커피 원당 코코아 당밀 타피오카 아몬드 사랑의 아몬드
간장 된장 고추장 아이고 고추장까지 어디 고추장뿐이냐
놀라 자빠지거라 얼씨구 김치도 들어오신다 시구시구

오신다
　겨자도 오신다 새우젓도 오신다 마른 해삼 쇠고기 비육우 젖소에다가 돼지고기도 미제 돼지고기 양고기 닭고기 메리 크리스마스 칠면조에다가 오리 곰 개 뱀 지렁이까지 그렇지 지렁이도 밟으면 꿈틀한다지 않나 꿈틀도 오신다 우유 분유 녹용 그것 말고도 소꼬리도 꼬리곰탕에 써야지 곰탕에 쓸 쇠뼉다구도 오신다 푹 고아 후루루 마셔야지 오신다 오신다 부산으로 인천으로 개구멍으로 오신다
　농축산물 삼백쉰 가지 오신다 삼백이 뭐냐 쉰 가지가 뭐냐
　더 오신다 더 오신다 사백 가지 오백 가지 들어오신다
　그중에 곡물은 거의 미제이시고 축산물도 절반은 미제이시라
　오 병든 쇠고기 맛 좋구나 잡수어 보아라 처먹어 보아라
　그나마 못 먹는 놈은 촌놈들 소 값 쌀값에 농약이나 잡수어라

이만 오천 원

우리 마을 젊은이 아홉 놈이 걸었다
이 말 저 말 없이 입 다물고
흙비 와서 장독대 뚜껑 얼룩진 날
우리들 아홉 놈이 돈 걸었다

지난 4월 21일 충북 청원군 북일면 내수리
서른다섯 살 서형석 씨 농약 먹고 죽었다
이 년전 논 팔아 송아지 세 마리 샀는데
그놈으로 한 번 살아 보려 했는데

팔자 고쳐서 논만 날렸다
논만 날리고 말았다
소주 동무에 의지하다가
끝내 제 목숨 끊어 버렸다

서울에서는 몸 태워 죽고
농촌에서는 농약 먹고 죽었다
영동에서 영동에서는
쓰레기 마누라가 남편 대신 나와서
차에 치여 죽어 버렸다

생각이라고?
아무리 생각해도
팔모로 생각해도
이 죽음 저 죽음이 뭐냐

우리 마을 젊은이 영철이 대근이 용범이
순태 상진이 태복이 기봉이 동식이
당장 청주행 차 타려고 했지만
어디들 일 두고 갈 수나 있다더냐

그래서 몇 푼 걷어 부치기로 했다
서 씨 유가족에게 부치기로 했다
우리는 이만 오천 원밖에 걷지 못했다
제기랄 십만 원만 되어도 좋은데

우리는 뒷산 용범이 할아버지 무덤가에 모였다
누가 술 먹자 했다
그러나 누군가가 술 먹지 말자 했다
누군가가 낫으로 땅을 찍었다
솔바람 소리가 그칠 줄 몰랐다

돈 가지고 양성 우체국으로 가기 전에
우리는 서 씨를 위해 묵념을 했다
내일모레 우리들 중의 누가
또 농약 먹을지 몰라
붉은 피 쏟고 쓰러질지 몰라

동식이가 오토바이 타고 양성으로 떠났다
태복이는 바로 논으로 갔다
상진이도 논으로 갔다
순태도 경운기 타고 가야 했다

꽃

봄이 왔다 해도
봄이 와서 갔다 해도
욧골이나 황골 산시골에는
꽃 하나 없네
그 흔해 빠진 목련도 벚꽃도 없네

다행이야 남새밭에 노란 장다리꽃 있네
이 얼마나 넘치는 기쁨이냐
산모퉁이 돌자
아 거기에 산싸리 꽃 무더기 피어 있네
그러고 보니 밭 묵은 데
눈곱 같은 냉이 꽃 자욱하게 피어 있네
암 피어 있네 피어 있네

우리 산시골 꽃구경이야 이로써 족하구말구
꽃도 쓸 만한 건 다 뽑혀 갔네
서울로 서울로
이 나라 산천에서 뽑혀 갔네

어디 꽃뿐인가

여자뿐인가
면사무소 마당 큰 나무 몇 그루
그놈들도
88올림픽에 어디에 뽑혀 가려고
밑둥 돌려 놓았다네

봄이 와서 갔다 해도
허허 꽃 하나 없네
텔레비전만 있네
텔레비전만 있네

못자리 다시 하며

봄 가물 오뉴월 가물 앞서서
올 기계모 못자리 한 달이나 당겨서 마쳤는데
작년에는 냉해 올에는 습기로 여러 집 실패했다

득환이네 모판은 절반이나 뜯어내고
보온 절충못자리를 다시 했다
사람 얻을 것 없이
득환이 혼자서
다시 노타리 작업도 하고
투덜거리기도 하고

물 뺀 다음 날
복합비료 부챗살 펴서 뿌리고
아쉬운 대로 혼자 이것 저것 해냈다
새가 오겠나 개가 오겠나
아이들도 학교 가고 없다
한번도 미운 적 없는 아내 쌀 같은 아내
그 아내가 참 가지고 왔다
소주 반 병 남은 것 빼놓을 리 없다

논두렁은 맥질해서 굳지 않았으니
농로가에 앉아
호젓한 들밥이 얌전하다
거기도 한 숟갈 뜨지그려
아내 손에는 벌써 뜯은 쑥 한 줌일 뿐
밥 생각 있다 없다 말 없다

득환이 수저 놓고 딴소리 하기를
성만이 논에는 뒤엄이 건성이네
푹 썩어야 할텐데
푹 썩기로는 거름뿐이 아니라
마음도 그래야지

아직 가지 말어
비닐 칠 때 혼자 안 되니
아무래도 거기 다리에 흙 묻혀야겠네
처음으로 아내의 말 한 마디
그럼 내가 그냥 갈 줄 알았나요 원

써레질

간밤 개구리 소리 한번 꽉 찼다 우리나라 기운 좋다
오늘 아침 또 고삼 저수지 문 열어서 물 내려왔다
성룡이네 논 써레질 경운기로 하는데 그 일 끝나고
윗논은 경운기 못 들어가니 소 들어가 세벌갈이 잘도 한다
소 모는 쟁기질이야 성룡이 아버지 당할 수 없지 암 없지
오랜만에 옛날 옛적이구나 이랴 떨떨 워이 워 워이 떨떨
성룡이는 얼룩이 입고 면사무소로 방위 근무하러 가고
성룡이 할아버지는 벌써 열흘 전 평택 결혼회관에 가서
이십 분만에 식 마쳐 여워 버린 손녀 생각에 성례 생각에
탁 트인 내리 들판 보며 찔끔찔끔 눈물 찍어 내고 있네
팔십 노인의 슬픔이야 어디 슬픔이기나 한가 그냥 둬라
숭늉 하나는 잘도 떠다 주던 년 그년이 살림이라고 하는지
들의 어디도 그런 슬픔 둘 데 없이 부산하구나
못자리하고 논 삶고 이제 모내기하고 뭣 하고
이래서 가을 소출 뭣 주고 뭣 주고 허물어 먹고 나면
이렇게 사는 일 뿌리 뽑을 수 없는 일평생들의 천 년 아닌가
빈 집 하나 둘 늘어나도 거기에 동할 생각 손톱만치 없네

우리네야 서울 간들 찰 쪽박이나 으스댈 외상술 한잔
있겠나
아침 써레질에는 날씨 한번 쌀쌀맞게 춥더니만
저 건너 국민학교 뒷산 연초록 숲도 으실으실했는데
한낮에는 웃통 벗어야지 가슴팍에 화덕 놓았다
문득 모기 한 마리 왱 하는 소리 자가사리 용 건드리네
논물에 물방개 새끼 하늘 모르고 물 위에서만 노는데
하기야 땅에 사는 일 물에 사는 일이 하늘의 일 아니겠나

모심는 날

 못자리 하고 본잎 나왔을 때 비닐 걷고 모판 바람 쏘일 때
 모 쪄다가 모내기할 때 그 모 무럭무럭 자라나는 한더위 때
 이윽고 황금물결 이루어 가을걷이 다가올 때 나락 벨 때
 이 논농사로 먹은 것 없고 입은 것 없고 누릴 것 없이도
 농사꾼은 능히 하늘에 있고 땅속 깊이 스며서 에렐루 상사디야
 온갖 걱정 두고도 이토록 아비 어미 된 기쁨 어디 가랴

 볍씨 담가 이레 동안 불려서 조심조심 방 아랫목에 싹 틔우며
 이것이 어찌 태어나 쌀 되랴 했건만 보온못자리 잎새 나왔다
 오월 들어 비닐 걷으니 파란 모 바깥 세상에 나왔다
 이 기쁨으로 지내다가 마정리 중터 삼모네와 삼모네 큰집
 치욱이네와 용술이 처갓집 해서 네 집이나 같은 날 모심는 날이구나

모심는 날이래야 이제는 사람 열여섯 열아홉 놉 얻지 않고
 그저 이앙기 한 대가 모 모가지까지 꽂으면 되는 세상
 그것도 한나절이면 웬만한 논배미야 진작 모내기 끝나 버린다
 중터 사람들의 논도 버드실들이고 가죽우물골의 논도
 내리 부암리 삼암리 논도 다 버드실들을 이루고 있구나
 엣따 버드실들 넓은 들 한천의 물이 갈라서 두 개로구나
 이쪽저쪽 대번에 모심은 논으로 바꾸어서 살아났구나

 긴 겨울 내내 흙바닥으로 잘도 견디어 내고
 이제 모심고 모 자라야 제 할 일 하는 나라가 아니냐
 송화 가루 날리는데 영농자금 뒤늦게 찔끔 나와 보아야
 서로 급하니 누구 하나 한몫으로 가져가도 성에 안 찬다
 재산세 오천 원 되어야 일반 자금 타 낼 수 있는데
 당최 농협이란 데가 병같이 쓰고 약같이 쓴 데가 돼 놓아서
 농촌이 차 타고 바라보면 아무 일 없이 잘 되는 듯 하건만
 정작 아무개야 단 하루 세끼 살아 보아라 석탄 백탄 다

탄단다

  삼암리 진태는 군대 가서 배운 운전 기술로 트럭 타니
  진태 하나 보고 몇십 년 수절한 진태 어머니 땡감 같은 어머니
  어느덧 흰 머리 양귀비 물들여서 뻔지르 검지만
  몸은 옛 몸 아니라 거동도 수월할 때가 드물고말고
  논 닷 마지기 모심으니 마침 밥 때라 밥 이어 나르고 있다
  삼대 며느리 잘 들어앉아야지 오사바사한 년 아니고 말이지
  삼대는 고사하고 진태가 돌아와 어서 장가나 들어야 할텐데
  장가가던 머리로 떡두꺼비 같은 손자 놈 하나 얼뚱아기 하나
  평생 허전했던 품에 안고 두둥실 두둥실 떠나가 봐야 할텐데

동전 두어 개

쳇 봄이 왔구나 했더니 한 바퀴 삥 돌아 여름이구나
과부로 살아도 못 하는 게 없고 농부로 살아도 못 하는 게 없지
일찍이 어릴 적부터 북풍한설로 배불렀다 살쪘다
똥구멍이 찢어지는 가난으로 이 세상을 노상 반겨 왔다
오늘은 모내기 마치고 그동안 젖 뗀 강아지 다섯 마리
읍내 장에 내려 헌 파나마 모자 쓰고 버스 탔다
천 원짜리 내주니 거스름돈 동전 시꺼먼 십 원짜리 뚫릴 백 원짜리
지지리도 못나게 찌그러진 백 원짜리 받아서 보았다
문득 이것이 내 동생 같고 벌써 육 년 전에 죽은 형 같아서
수길이네 가게 지나왔을 뿐인데 술 한잔 먹은 듯하구나
강아지 한 마리에 육천 원 받으면 어이쿠 삼만 원이겠구나
돌아올 때는 술 한 병 꼭 먹어야지 먹으며 형 생각해야지
아무리 잘못해도 동곳 하나 빼지 않던 형의 오기도 생각해야지

코 고는 소리

국민학교 사 학년짜리 재욱이가 코를 골다니
이 무슨 망칙한 일이야
어린것이 얼마나 고단하면 코를 골겠나
고등학교 들어가자마자 재동이도 코를 곤다
자율 학습이 어찌나 대단한지
밤 열한 시 되어야 집에 와 밥 먹는다
열 시 반 이전에 오면 그건 조퇴가 된단다
도대체 이게 어찌 된 노릇이야
어린것들이 벌써 코를 골다니
푸우 푸우 코를 골다니
이렇게 다섯 시간 자고
아침 여섯 시 반에 집을 나선다
이게 학교 다니는 것인가
이게 학교 다니는 것인가
이렇게 학교 다녀서
면 주사 되는가 지도원 되겠는가
안법고등학교 제21회 동창회장 되겠는가
서쪽 하늘 쌍둥이별 바라보며
저것이 자식 같다 불쌍한 자식 같다

며칠 뒤

수동이네 아기 잘도 자라나 벌써 밥도 먹는구나
일모작 논 재빠르구나 벌써 모내기 마치고
논두렁이나 논은 귀한 따오기 대신 왜가리한테 맡겼다
모심은 뒤 며칠 그러다가 더 그럴 수만 없던지
지난날 병천 땅 입장 땅에서 남색 치마 입고
네거리 주막 주모 노릇 했던 환한 웃음 화선이도
이제는 떴다 봐라 어엿이 여염 아낙이 되어
논두렁에 콩나물 콩 띄엄띄엄 호미질로 심어 나간다
알뜰도 하지 살뜰도 하지 부엌살림도 정갈하고
항상 빨아 입은 옷에 풀 먹인 냄새 나지
요새 세상에 어느 손이 풀 먹여 옷가지 입나
이런 화선이 오다가다 얻은 남편 반벙어리이건만
농사 하나는 타고나서 모내기 논 개구리도 점잖다
이앙기가 심은 뒤 뜬 데 빈 데는 사람 손 간다
남편 병만이 모 때우고 나서자 이번에는 제초제 차례
제초제 뿌리기 전 논두렁 콩 심는 아내 부른다
화신이 여염 아낙 되어도 인 박힌 담배는 못 끊었지
남편하고 둘이 한 대 피우는 논두렁 담배 맛 제법이구나
또 며칠 있으면 가지 거름 새끼 칠 거름 나수 주어야지
한평생 믿는 구석은 그래도 해와 마누라 아닌가

아침 해 뜬 것 보고 나와서 벌써 한낮이다
요소비료도 주어야지 벼라고 맛있는 것 못 먹나
늙어질수록 하늘 아래 자식보다 마누라 아닌가

9

어린 논

깨치어라 이 어린 아기 연둣빛 가득히 자라는 나라여
모심은 뒤의 논이여 이제 막 태어난 나라여
늙은 에미 그토록 고생 끝이어도
어린 아기 다시 한번 품에 등에 기르고 싶구나

뭐니뭐니 모내기보다 더 큰 일 어디 있으랴
이른 모내기야 벌써 한 달도 우쭉우쭉 되어 가는데
전방구 치고 심은 그루갈이 흉년 들까 걱정이건만
워낙 한 고동판이라 모내기 한 철 하루 이틀이 아니구나
손모는 모 쪄다가 어여쁜 모춤 다발 여기저기 던져두고
두레 열다섯 품 스무 품 허리깨나 굽신대어 심어 놓으면
아 요것들 고것들이 사람 불러 넉넉한 능 두어
실컷 함께 먹는 배부른 모밥 뒤에 욕할 데 접어 두고
깨치어라 어느덧 이 세상 살림살이치고 탄탄하구나

비록 동네 이앙기 부품 고장나 며칠이나 품 버렸지만
고장 난 것 삶은 논에 그냥 처박아 두고 싶었지만
어찌어찌 생돈 들여 기계모도 심고 손모도 심어서
벼 포기 많으라고 팔 남매 둔 필수 어머니 청해다가
모심은 이튿날 논두렁 빙빙 돌고 오줌 싸고

며칠 뒤 모춤 남긴 것 가지고 모 지우러 나가 보니
까마득하기도 해라 한 뼘도 못 되던 것들이
잘도 꽂혀서 제 뿌리 수월하게 땅에 내렸구나

아 넓기도 넓다 이 세상을 집으로 삼고
온갖 거친 바깥 다 안으로 삼고 벗 삼아
밤이면 천만 년의 별들이 한식구로구나 그렇구나
모심은 논 건너로 나그네 같은 전기 기둥 이어져
이 마을과 저 마을 그 너머 마을 이어 주는 전선으로
이 나라 농사 마을 날 저물면 알전등 밝혀
삼백만 원 이백만 원 빚더미까지 갓난애 울음까지
오늘 하루 다한 나머지 새로 밥 짓는 어둠이구나

참

요즘이야 들에 메나리 한 가닥 없네그려
그저 허튼 소리 몇 마디로 일하다 반벙어리 되네
참 때 되니 그때에야 참 먹세하고 물에서 나와
내 마누라 볼기짝 같은 논두렁에 궁둥이 두고
술참 다음 샛밥 먹세그려 본논 일 시작이 반일세그려
멀지도 않지 저 장호원 길 칠장사 길에는
그놈의 관광버스만 줄 대어 놓고 달려가네그려
이 바쁘나 바쁜 판에 들판에
서울 사람들 노는 것 하나는 어느 놈한테 질세라
참 먹세 참 먹세 우리에게는 참이 금강산 아닌가
아침 한 참 일하고 나와 엉거주춤하게도
아홉 시에 막걸리로 목 축이고 꺼진 배 불리고
한 참 일하고 나와
열 시 반 국수나 뭐나 샛밥으로 요기하네그려
또 한 참 일하고 나와
낮 한 시 앗 뜨거운 햇볕 무릅쓰고
눈부시네그려 풋고추 갈치 도막에 점심 먹고
제기랄 논두렁 잠 한 소금에다가
에라 일하세 일하세 놀러 왔던가
세 시에는 라면 후루룩 넘기고 나서

또 한 참 일하고 나와
한 번 쉬어 담배 맛에 기대었다가
뉘엿뉘엿 여섯 시 막걸리로 허기 몰고
자 하루 일 다했네 다했어
이렇게 세월 가노라면
고된 일에 참 안 먹고 어이 배겨 내던가
이렇게 저렇게 세월 가노라면
번쩍 마흔 살이 호강하는 사람들 일흔이네 일흔두엇이
네그려

짧은 밤

밤꽃 흐드러졌네
하짓날 손꼽아 보니
짧은 밤
밤새 개구리 총각 울더니
개구리 소리 씨도 없네
해오라비 무서워
장가갔나 어디 갔나
개구리 대신
밤마다 시어머니 공경 새
똑딱 새
시어머니 반찬 장만하느라고
칼도마질 바지런히 공경 새 우네
그러나 저러나
개구리 소리커녕
공경 새커녕
오밤중 무슨 소리
귀신 씨나락 까먹는 소리
그런 소리 듣는 것도
큰 부귀라네
꼬빡 일 나갔다 돌아와서

저녁 해 먹고
기명 치면 아홉 시 뉴스 끝나네
그 알량한 연속극
울고 짜고 지랄하는 연속극
그것 하나 볼 틈 없이
빨래 밀린 것 아시 빨고
열무김치 숭숭 썰어 김치 담그니
하이고 손 아리고 열두 시 넘어가네
세 시간 네 시간 눈 붙이고
신새벽 별 보아 가며
콩밭 푸성귀 밭 손 가고 나서
남의 일 하러 나가네
성님 성님도 이렇게 살고
나도 이렇게 사네
살다가 칵 뒈질 틈 없겠네

목간

목구멍 때 벗기는 일도 급하거니와
하도 찬물 흙물에만 적신 몸이라
날 궂으니 삭신 마디마디가 쑤셔 대고
이놈의 허리가 말 안 들으니
마누라 말 들어
이 얼마 만이냐 읍내 목간통 갔다
작년에 한 번 가고 오래간만 아니냐
부랴부랴 나오느라 수건도 깜박 잊고 갔다가
한 번 쓰는 데 오십 원 받는 수건 달라 했더니
농투성이 대접인지 원 사또 대접인지
쉰도 월떡 넘긴 나더러
수건 말여? 하고 반말짓거리로다
목간통 사장님도
버젓이 무슨무슨 자문위원이라
점심은 군수 나으리하고 먹을 때 있고
얼씨구 밤에는 서장하고 주거니 받거니
그러고 나면 천하에 보이는 것 없지
목간통 사장이 이런 바에는
웬만한 유지 유지 유지 뻐겨 대는 꼴이라니
이런 판에 지방자치 엉성하게 했다가는

이런 위인들이나 지화자 좋을시구
어찌 이 모양이여 서운산이여
성깔 한 번 내어
그냥 집으로 와 찬물 한 동이 무릅쓸까 하다가
목젖 누르고 목간통 들어가니
아 반갑기는 반갑구려
딱 한 사람 혼자 때를 벗기네
세월아 하고 혼자 때를 벗기네
아니 다리병신이었네
곁에서 목발까지 들어와 있네
필시 남 보이기 싫어
늘 한가한 때 골라 와서
호젓이 피리 불듯 때 벗기는 다리병신
알고 보니 청춘 하나 꾸이년 전투에서 망치고
수송기에 실려서 돌아온 맹호 부대 용사였네
아 다리병신은 자네가 되고
그 시절 월남 경기 왕 서방 것이었지

물

논물 너무 오래 되어
이무기 눈빛으로 누릿누릿 괴어 오르네
뜨거운 볕 봄볕에 끓어오르네
모내기 스무사흘 넘었는데
하늘께서는 물 보낼 뜻 없으니
금광 저수지 물 빼어 요리로 조리로 보내야지
물 마른 논 물 들어오니
심은 모 그때서야 웃어 대네
윗논에서
아랫논에서
해오라기 아저씨 판치네
뱀 있으면 뱀 먹고
개구리 있으면 개구리 먹고
그것 없으면
송사리 먹고 물방개 먹고
그러나 저러나 농사지어도
무슨 소용이여
실컷 지어 보아야 빚투성이
너 나 할 것 없이
삼도천 건너가세
암 건너가세

칠성이 마누라

하도 오랜만에 칠성이 마누라 나들이로다
시골 고라리 나들이라야
밭고랑에 맨날 남생이로 붙어살다가
거시기 빨랫줄하고 물 줄 호스 열댓 발 사러 가는 일이지
반 시간 걸어 나가
큰길 현사시 나무 밑에서
암만 기다려도
타고 갈 완행버스는 안 오고
바퀴가 쉰 개도 더 달린
큰 화물차 땅 꺼지게 달려가고
여덟 개 달린 화물차도 겁나게 달려간다
자가용이란 놈도 용달차도
오토바이도 어찌 그리 많은지
이런 촌 큰길도 쉴 참 하나 없도다
차 달려갈 때마다
그 세찬 바람에
칠성이 마누라 용케 날라가지 않고
그 우악스러운 먼지 그 연기 다 삼켜서
한 시간 다 되니 버스가 왔다
꾸역꾸역 파고들으니 가기는 간다마는

참 때 밥 내가는 아낙네
밥하고 국 주전자도 타고 가도다
아 투가리 같은 아낙이여
깨어진 투가리 같은 아낙이여
야지러진 아낙이여
이 땅을 몽땅 가질 사람 여보 당신들이여

반말

앞산 뒷산 서로 빼다 박은
우리 마을에서는요
서른 살짜리 봉수하고
예순두 살 재권이 영감탕구하고
서로 신소리하기 일쑤지요
함께 일하고 함께 먹으니
서로 반말 주고받기 일쑤지요
그게 어찌 그리 천연이지요
서른 살 먹은 놈더러
괘씸타 해 보면
그 괘씸 어색하지요
그냥 흙으로 세월 보내다 보니
흙에 무슨 노소 있나
큰아버지뻘 어른도
그냥저냥 탁 문 열어 놓고 터놓고
어이 이리 오드라고
비계 한 점 찍어 먹어 봐

풀

한세상을 풀하고 살아왔다
꾀벽쟁이 동환이가 일찌감치 세상 떠나
그 사람 흙에 묻으며 어지간히 술배 불렀다
지게질도 함께 배우고 술 담배도 함께 배웠지
서울 놈 비만 오면 풍년이라지만
동환이하고 나는 풍년거지 더 서러웠지
우거진 각시풀 쥐어뜯으며 울던 그 사람이야
이제 흙으로 돌아가서 말 없고 자취 없네
풀 없이 어이 사나 어이 사나
며칠 만에 낫과 숫돌 들고 논길 나와 보니
지지난 해나 지난 해 이맘 때와 똑같구나
본논 모가 어느새 새파랗게 기운 내고
논두렁 풀 좀 보아라 너희들도 무성하구나
막내야 제발 소에게 이슬 풀 먹이지 말아라
 소 값이 재작년 송아지 값이라고 장관이 사과하나 면장
이 사과하나
 한여름 바랭이야 등에풀 방동사니야
 나 비록 너희 몸에 서슬 진 낫 댄다마는
 물달개비 명아주 가래 올미야 여뀌야 쇠뜨기야
 너희들이 어찌 내 일가 내 이웃 아닐소냐

에끼 놈 벼룩나물 강아지풀도 그렇지
죽은 동환이 생각하며 낫질이야 척척 익은 솜씨 아니더냐
이쪽에서 풀 깎아 가니 죽은 사람이
저쪽에서 구시렁거리며 트림하며 베어 오는 듯하다
쇠비름 풀아 아무리 뻗친 너도 베어 놓으면 시드는구나
언제고 여기 오면 땡볕 대우지만
정든 데 틀림없는 데는 우리한테 여기였더니라
나도 동환이 자네 따라가기는 가네마는
이 세상의 못 쓰는 바람 한 자락 가지고 가지 못하지
엄한 일이여 그래야 이 세상에 다른 이들 오지
어릴 적 아이들 다 떠나고 달랑 남은 동환이
자네마저 세상 떴으니 물에 닿는 손발 시리네
쌀고치 무리고치 다 서울로 대처로 가 버리고
무슨 놈의 막고치 몇이 남아서
논두렁에 엉덩이 대고 앉은 쉴 참 한때의 황새여
쑤꾹새는 울어서 밥 먹고 우리는 술 한 잔에 꿈 꾸었네
벌써 이른 모내기 논 애멸구 번져 야단이고
목도열병 이 논 저 논에 퍼지니 주름살 똑똑하다
내일은 병난 데 약 쳐야 한다
이 나라는 농사짓는 놈 편이 아니다
서울 편이다 대구 편이다 갈라진 땅 돌아와요 부산항이다

밭 한 뙈기

올해는 유월에 벌써 단단히 덥네그려
이 땅에서 울음 복 타고났다 해도
우리 동네 마누라들 울음 따위 설움 따위 다 먹어 버렸네
그저 손손 발발에 일복 하나
먼 산 알아보지 못 하게 굻을 줄 모르는 일뿐이네
밭에 가면 유월태 풀 매어 주고
한쪽에서는 양배추 씨 뿌려야 하고
들깨 모종 내어 아주 심은 뒤
고구마 놓아야지 씨시금치 씨 털어야지
일 년 감은 웃거름 주어 살맛 나게 해 주어야지
어느 일 하나 놓아두면 큰일 나지
상술이네는 비닐 뚫기 하루 늦어서
아까운 고추 밭 고추 다 태우고 말았다네
이제야 밭이란 밭 비닐하우스 다 걷고
터널도 다 걷으니 황토밭 제 태깔 나네그려
할아버지는 가을 보리밥 안 먹어도
봄 보리밥 먹어야 한다고
보리 철에 보리 없으니 말세라 하네
돌아보건대 네 조상 내 조상들
이 밭뙈기에 평생 걸고 수염 났네그려

철렁! 철렁!

고지서 한 장 오면 가슴이 철렁!
면 서기 나으리 와서
신품종 볍씨 아니라고
모판에 살초제 뿌려 버리고 갔지
그때보다 더 가슴이 철렁!
추수 뒤 짚 무더기 안 친다고
불 질러 버리고 가던 그때보다 더 철렁!
할아버지 산소 소나무 두 그루
밭작물에 그늘져서 베었는데
벌금 십오만 원 나와 버렸다
밭 가운데 고춧대 비닐조각 불살랐다고
논두렁 풀 마음대로 태웠다고
엠병헐 소환장 나으리 날라왔는데
낙엽 한 소쿠리 긁었다고 날라왔는데
무슨 세 무슨 세 무슨 지랄세 고지서에 가슴이 철렁!
고지서 한 장에 염통 멍들어
철렁!
철렁!
철렁! 멍들어
그러나 고지서 없이 내라는 육두문자 세금에

꽉 멍들어
이웃돕기 성금 수해 의연금
이 가슴에 석탄 백탄 타들어 온다
방위 협회비 체육성금 숙원사업 자체부담비
게다가 이번에는 아이들 시켜
소년 체전 출전비까지 내라고
공부 잘하니 더 내야 한다고 육천 원 내라고
<u>흐흐흐흐흐흐</u> 지랄이야 생지랄이야
요즘은 최루탄 대신 사과탄이요
그것 대신 국산 지랄탄 나왔다니
한 번 터지면 모두 다 지랄한다지

10

단오

수릿날 단옷날이라 해야 어디 우리 무지렁이 명절인가
서울 놈들 전통 찾고 쌍통 찾는 놈 방송국 놈 명절이지
제기랄 단오는 무슨 삼복에 얼어 죽을 놈의 단오라더냐
건넛마을 상수리나무 뻐꾹새야 너나 실컷 놀아라
하기야 예도옛적 호랑이 연기 먹던 시절 그 너머 시절
옛 마한 조상들 씨 뿌린 오월이면 구메농사 오월이면
쑥떡 차리고 제사에다 춤에다 소리에다 풍년 빌고
계집 계집 단오비음 창포물에 머리 감아 어여뺐단다
이런 시절 긴긴 세월 잘도 견디어 내려오다가
하이고 그놈의 왜놈 등쌀에도 내려오다가 씨 말랐다
우리 마을 어느 구들직장 단오명절 손꼽아 기다리겠나
아서라 쑥이나 뜯고 익모초나 베어다 말려 두자꾸나
나 어릴 때만 하더라도 내외하던 아낙 시악시들
정자나무에 그네 달아 하늘 속으로 하늘 속으로 떠올랐다
원곡 진등에서는 모래판 씨름 세 판에 살구 서른 개 먹고
진 놈에게 이긴 놈이 닭 잡아 대접하며 달래었다
그러나 어디에도 이런 단옷날 시끌덤벙한 재미 없고
옛 시절 농가 대대로 내려오던 소리 한 가락 없다
상사소리 메기고 받으며 선소리 뒷소리 구성진 모내기
날 저물어 젊은 놈 소 등에 태워 돌아오는 길

풍장 치며 흥겹게 돌아오는 길 길꼬냉이 그 소리
이제는 다 작파했다 육이오 이래 새마을 이래
좋아졌네 좋아졌네만 들리고 농민들 하나 둘 떠나 버리고
괜히 서울 놈들 문화재라니 뭐라나 단오명절 바람잡으니
정작 방방곡곡 마을이야 깐깐오월 미끈유월로 해 짧구나
어디 보아도 손에 닿는 일 우거진 풀하고 성님 동생 해야지
두겹조상 한 분 없는 맨 상투 집안 찬물로 조상 섬겨라
단옷날이라 해야 민물에 징거미 송사리도 없는 때라
저 거시기 술 한 잔 없이 녹음방초 숫제 공짜로구나
미리 제초제 뿌렸지만 올방개 가래 피 어찌 없겠나
단오명절이라고 해야 만 가지 물색 새로운 수릿날이라 해야
그것이야 방송국 친구들이 저희들끼리 건져먹는 개수작이고
우리네 무지렁이야 두어 달 가물 뒤 장마 앞에
밭두렁 쇠비름 매고 땔 것 낫질하고 그럴 따름 아닌가
그동안 품앗이 들바라지에 노골노골 뼈마디 녹은 마누라
어디 다녀오라고 했지만 친정 가야 친정 부모가 계시나
노래 잘하던 친정 오라버니가 계시나 다 낯선 땅 아닌가

그러나 저러나 논 식구는 병에도 약에도 잘 자라서
사뭇 짙푸른 세상에 어느 놈들 범접할 데 없다
오뉴월 논물은 그래 그래 그래 따뜻해야지 만모는 더욱 그렇지
더운 바람 한 자락 휘감길 때마다 물 냄새로 코 뚫리고
뱃고래 푹 꺼진 몸 하늘 날아가 구름 되나 비 되나

동행

단협인가 개좆불인가 다녀오는 길 팍팍한 길
돈 좀 얻으러 갔다가 눈꼴신 꼴이나 보고
발바닥만 아픈 길 땀바가지 길
왜앵! 하고 따라붙는 놈은 날파리 한 놈이구나
안 그래도 귀때기 새파란 놈한테 아쉬운 소리 했다가
농민들 의식구조가 돼먹지 않았어
걸핏하면 농협에나 의존하는 의타심 버려야 해
농협은 농민의 감기까지 배탈까지 걱정하는 데 아냐
어쩌구저쩌구 그따위 신소리나 듣고 오는 길
날파리야 네놈 하나 귀찮게 따라붙었구나
이마빡에 앉았다가 쫓으면 팔뚝에 앉고
팔뚝 내두르니 이번에는 모가지에 앉는구나
아무리 쫓아도 웽 하고 따라붙는 놈
벌써 마을에 접어들어도 헤어질 줄 모르는 놈
쫓다가 쫓다가 이제 팍 정들어
그래 가는 데까지 가자 함께 가자
급전 얻을 사촌 없다 사돈 없다
별 수 없이 소 한 마리 있는 것
단돈 오십만 원이라도 받고 팔아야지
죽지 않고 고르릉고르릉 하시는 팔순 어머님

그 돈으로 주사라도 몇 대 맞게 해드려야지
날파리야 날파리야
이제 보니 네놈밖에 알아줄 놈 없구나
산에 가서 똥 싸면
맨 먼저 웽 하고 달려오는 네놈밖에

아이들

삼봉이 아들놈 네 살박이 판호가 누렁이하고 논다
새끼 세 배나 낳은 놈이라 어른 두 몫이나 되니
어린 아이 판호에게 제법 할아버지 같구나
뒷집 용술네 아들은 네 살인가 다섯 살인가
그 녀석도 문밖의 비닐하우스 옆에서 혼자 논다
지렁이 기어가는 것 잡아서 함께 논다
흙에다 오줌 똥 이겨서 심심치 않은 엉덩짝으로
저쪽에서는 고래실 논두렁 토끼풀 뜯으며 뱀보고 소리 치며
대여섯 살 또래 세 놈도 저희들끼리 놀고 있다
모심은 뒤라고 허리 펼 날 따로 두었다더냐
깨 밭 고추 밭 콩밭 자지러지게도 사람 손 불러 대니
이놈의 풀하구서는 엔간히 사람 속깨나 태우는구나
애비 에미라는 게 흙 사위요 밭뙈기 며느리지
세 살 된 딸내미 짊어지고 가서 밭두렁에 두니
땡볕 맞아 여린 살 벗겨지며 땀범벅 울음 범벅 징징 짜 는구나
한 보름 동안 이렇게 지내다 보면 이런 여름 보내노라면
이런 여름 아이들 일곱 살 차서 학교라고 가야지
분유 떼면 유아원이다 아따 미술 학원이다 피아노다

또 웅변 학원이다 유치원이다 하는 것이야
평택 어린이 농장이다 연포해변 어린이 학교다 하는 것이야
어디 이 마을 아이들에게야 꿈이나 꿀 일이더냐
학교라고 갔다 오면 숙제도 손대기 전에
나무 해 와라 꼴 베어라 밭에 물 갖다 주고 오너라
이토록 일복 터졌으니 공부인들 어디 공부겠느냐
학교 여섯 해 그럭저럭 졸업하면 게다가 중학교 졸업하면
딸년이나 아들놈이나 어느 놈이 제 고향 지키겠느냐
강원도 원성군에서 농촌 짝짓기 운동 하는데
총각만 삼십 명이고 반년 넘어도 처녀 신청 하나 없었다지
십 년 안에 이십 년 안에 이땅의 농촌 텅 빈다
네 말 한 마디 꼭 믿어라 이땅의 농촌 텅 빈다

싸움 한판

포도밭 뒤 오 과부 가게에 염치 좋게 죽치고 앉아서
따북따북 개평술 몇 잔 걸친 끝에 힘 나더라
딴 패거리 이웃 마을 이장 패거리도 술기운 도는데
거기 대고 아 거기 대감마님 나으리 말씀이여
애초 사주에 없는 감투 쓰면 이마가 벗겨진다더니
과연이로고 어찌 거기는 그렇게 훤하신가
꼭 미친년 가래 사이로 뜬 대보름달 같네그려
아니 뭣이 어쩌고 어쩌? 개비름 쇠비름이 어쩌?
허어 거기 좋은 술 먹고 보채기는 왜 그리 보챈다?
이렇게 태초에 시비 생겨나더니 응당 멱살까지 맞잡았
겄다
아니 요런 싸가지 어림 반푼어치도 없는 것 보게
아니 네놈이 사잣밥 목에 달고 다니는 놈이냐 뭐냐
이장! 너 죽으려고 작정을 했느냐? 어쨌느냐?
요런 쌍봉 앞벼랑 이무기한테 부모 삼은 놈 보게나
칭칭 감기는 왜 감아 이 오살육시럴 놈아
아니 이 자식이 증말로 제삿날 받아 놓았나
이렇게 싸우는데 지나가다 싸움 말리던 인태하고
또 한판 싸움이 붙어서 한낮에 난장 텄구나
아 인태 너 이 자식 억세게 잘도 만났다 이놈

네놈이 물꼬 돌려서 중거름 준 논 다 망친 놈이지
아니 요런 놈의 자식 봤나 천하에 불한당 봤나
이 싸움은 고개 하나 넘도록 질질 끌고 가서
정작 제 동네방네까지 잘도 싸움판 벌였것다
그들의 술싸움 무르녹자 마누라끼리 싸움 되어
아 이 도둑년아 작년에 다듬이 방망이 가져갔지
아니 이런 죽일 년 좀 봐 생사람 잡네 뭣이 어째
네년이 빼 간 우리 울타리 막대기 당장 내놔
아니 네년 친정 간다더니 읍내 가서 술 먹었다지
네년이 바로 우리 동네 요조숙녀 개망신 준 년이여
하이고 기가 막혀서 네년이야말로 알랑방구 뀌었지
새마을 부녀회 때 지도원에게 알랑방구 뀐 년이지
그제서야 동네가 시끌짝할만치 한 뒤에서야
진섭이 할아버지 큼큼 하고 거시기 하고 나타나서
아서 이젠 됐어 그만들 두어 한바탕 하고 나면
내일 아침 사화술상 술 맛이 나겠네 그만둬들

이백 명

이백 명이 모였다
농민 이백 명이 모였다
아니나 다를까
올해 개오동나무도 부쩍 컸구나
강원도 춘성군 남면 북면 사북면
양축농민 이백 명이 모였다
모여서 소 입식 융자금 이자 대신
이 년이나 키운 소 반납하기로 결의했다
농협 지부가 입식자금 이자납부 통지서 보내자
소 탈 나도 입식 때 원금도 안 되는데
무슨 수로 이자나 물고 있겠는가
그냥 소 반납할테니
너희들 알아서 해라
너희들 농협과 농수산부 알아서 해라
소 한 마리 키워서 육십만 원 받는 신세
기른 공 따지지 않아도
사료값 팔십만 원 융자금 칠십이만 원이니
소 한 마리에 백육십만 원 손해 아닌가
게다가 스무 마리 이상 입식 농가는
폭락 이전의 시세로 먹이는 소득세까지

입에 게거품 물고 또 물어야 한다
이백 명이 모였다
농민 이백 명이 모였다
무슨 농민회도 아닌데 맨몸인데
이백 명이 모여서
이천이십만 명 천만 농민이거라
그래서 쫓아내고 새로 들어앉혀서
그래서 허물고 다시 세워
쌀값 소 값 좀 잘 맞춰 내놓아야지
암 줄풍류 없이도 그때는 더덩실 춤추겠구나

피사리

강남 제비가 벌써 두 배 쳤다
한 배 친 새끼 네 마리 다 제금내 보내고
다시 지지배배 다섯 마리 태어났다
여름 가을 내내 너희들 마음껏 뜨는 하늘 아래
제초제 그렇게도 촘촘히 뿌렸건만
벼보다 피가 먼저 키를 잰다
남의 논에 한눈팔 틈도 없이
혼자 논 가운데 절벅거려야지
피사리에 어디 피뿐인가
가래도 뭣도 다 손보아야지
마침 집으로 찾아온 만정리 기창이가
마누라가 가르쳐 준 대로 논으로 왔다
아 자네는 매미 소리에 낮잠 한 소금 안 자나
맨날 논바닥에 대고 인사 드리나
자네 왜 엊그제 안 나왔어
내리국민학교 65회 동창 모임에 다섯 왔어
고향에 남은 것 여섯인데 자네가 안 와 다섯이었어
  벌써 사망 스물일곱 명 서울로 수원으로 간 친구 오십여 명
  일제 때 팔십 명 한 교실 찼던 것들

이제 다섯 왔는데 다 증조할아버지였어
그 말 듣고 일할 맛도 없어져셔
기창이하고
왜장치기 기창이하고
동창은 무슨 놈의 동창 말랭인구
그래도 찾아온 이녁 손님이라
생소리한다고 박대 말아야지
그러나 저러나
농가에는 손님 오면 가슴이 덜커덕 내려앉는다
술 한잔 대접하면 그만치 구멍 뚫린다
아이새끼들 가지고 갈 돈 새로 짜내야 한다
그러나 저러나 가게로 가세
기창이 자네도 백발청춘일세그려

중간 물떼기

마누라하고 단둘이 논에 가서 흠뻑 논다
지난번 한차례 비 오는 날
두 달 가뭄에 애먹은 벼들 둥기둥기 춤추었다
그동안 남실거린 물 빼어 논바닥 실금 가게
말려 두어야 벼 포기 가지 치는 짓 못 하고
게다가 논 가장자리 벼 한 줄 옮겨 심어서
고랑 내어 가을 논물 잘 빠지게 미리 손쓴다
잘 빠져 누인 나락 쏠쏠 마르게 손쓴다
이런 도구치기도 허리품 어디 한나절 품인가
아예 큰놈 학교 갔겠다 둘째 놈도 갔겠다
소 점심도 넉넉히 준 것으로 때웠으니
집까지 왔다갔다 할 것 없다
싸 온 밥 물도랑에 두어 쉬지 않았다
오랜만에 마누라하고 서방하고 새삼스럽게
논 가운데 한가한 백로 몇 마리 두고
이런저런 얘기 반찬삼아 밥맛 하나 달구나
벼 자라니 아침에 보이던 백로 저녁에 안 보인다
오뉴월 하루 햇볕이 어디인가 벼 자라는 것 어디인가
장마철 뜸해도 장마 냉기에 병충해 한창이니
도구치기 뒤 잎도열병 잎마름병 방제에 나서야 한다

농사에 손뿐인가 발뿐이가 산더미 걱정이다
  국회의원 입후보 놈들 이중곡가 연동제 어쩌고저쩌고하더니
  이제 와서 꿩 구워 먹은 소식이다 떡 쪄 먹고 시루 엎었다

오이

오이 삼십 개 소맷값이 단돈 천 원이다 기막히구나
서울 가락동 오락동 실려 가는 우리 오이는
운송비도 안 되게 오십 개에 사백 원꼴이다
참외도 큰 덩어리 열 개에 오백 원이다
밭마늘 한 접 백 개에 이천 원도 안 된다
이것이 우리 농사다 이것이 농사다

이놈의 개지랄 때려치우고
서울 가자
서울 가서 죽든지 살든지 하자
딸은 공순이가 되든지 갈보가 되든지
마누라는 식모로 가든지
나는 북악에 올라 남산에 올라가서
소리 한 번 치고 칵 뒈져야겠다

서울 가자
서울 가자
서울 가서 생요절 내자

파리

두 살짜리 울다가 울다가 지쳐 잠들면
파리 떼 온통 달겨들어
콧구멍이고 입이고 목이고
엉덩짝이고 뒤덮어 버린다
방바닥도 부엌짝도 뒤덮어 버린다
누가 들어와야
그래서야 마지못해 욍욍 날다가 만다
한여름 내내 우리 집이 아니라 파리 집이다
이러다가 밤에는 모기 등쌀에
가뜩이나 못 먹은 몸 피 빨리누나
이렇게 살아야 하나
언제까지 이렇게 살아야 하나
백 년 설움 삼키고
꼭 이렇게 살아야 하나

장날

장날이라고 이것저것 가지고 가서
뜨거운 해 기울어서야
반값 받고 홀라당 내다 버렸지
삶은 달걀 하나 사먹고
버스 타고 돌아와야지
어린 자식들 멀뚱멀뚱 머루눈
내가 너희들 애비라니 애비라니
내가 장차 너희들 자식 할애비라니

11

저녁 바람

밭 매고 돌아오는 길
마을 가까이
저녁 바람 한 자락이
사람 살리네
머릿수건 벗고
꺼므꺼므한 산 저문 산 바라보니
이 세상이 함께 견디었구나

복더위

초복 중복에 어느 놈이 사돈 맺나 의형제 하나
서산 땅에서는 닭 천오백 마리가 한꺼번에 떼죽음인데
이런 더위 없이는 모진 땅 아니라더냐
아래뜸 가죽나무 잎사귀도 그 아래 이슬받이 각시풀도
누가 데쳐 냈는지 축 늘어져 초죽음으로 목숨 삼고
뱃장 한번 떡 벌어진 두꺼비 악머구리도
아서라 갱신 못하고 헐떡헐떡 숨 막히는데
오직 농사짓는 사람 한낮에도 약 치러 나가야 한다
이런 악 더위에 논 귀신 될갑세 논에 나가야 한다
개 한 마리 웬만한 것 십오만 원이나 나가니
어찌 개 잡아 몸 위하겠나 마누라 위하겠나
중뜸에서 개 값도 못 되는 꿀꿀이 잡는다 하니
저녁 때 거기에나 들러 두어 근 들고 와야지
한참 소 값 오른다 어쩐다 하지만 하룻밤 지나면
다시 덜커덩 떨어져 개 두 마리 값이나 될지 말지
도대체 이 땅에서는 사람 정치는 고사하고
왜 소 정치 하나 돼지 정치 하나 못 한다더냐
이런 판에 제발덕분 더위나 먹지 말아야지
굴왕신 같은 집구석 두 눈 달린 자식들 보아라
선들바람 나거든 수수 모가지 푹 수그러지거든

어득시니 큰 자식들 볼멘소리 들어 보아라
아버지 내일까지 돈 이만 오천 원 가져가야 하는데요

정자나무 밑

오랜 마을에는
꼭 정자나무 한 그루 계십니다
오랜 마을에서는
꼭 깊은 우물 시린 물 길어 올립니다
그 물 길어 올리는 시악씨 계십니다

점심 먹고 한동안 모이십니다
아무리 이 세상 막되어 가도
언제나 넉넉한 정자나무 밑으로
할아범도 아범도 나오십니다
큰 나무 하나가 스무 사람 품으십니다
땀 들이고 더위 잊고
매미 쓰르라미 소리 자욱합니다
몇 마디 말 허허 하고 나누십니다

가만히 보니 과연 정자나무 밑에서도
좌상 자리 있고 다음 자리 있어서
저절로 늙은이 섬기고 손윗사람 모십니다
그 무슨 개뼈다귀 예의지국이 아니라
이는 정녕 아름다움입니다 아름다운 세상입니다

가짜 놀이

시골 무지렁이는 묵직한 기름틀 작파한 이래
이제는 장터 뻔질난 기름집에서
참기름 들기름 한 종발씩 사다 먹지만
그게 가짜 중의 가짜 폐유로 만든 참기름이네
이런 걸 먹고 살아야 하는지 죽어야 하는지
이런 걸 먹고도 화 한 번 내지 않고 죽어 가는지
시골 무지렁이는 본디 이 모양이니
날랜 놈들 싸구려 양복지 가지고 다니며
외제니 보세품이니 하여 속여 팔아잡수네
어찌 이다지도 가짜가 판치나
어찌 이다지도 가짜 왜간장 하나 없애지 못하나
이놈의 나라 이 꼬락서니 거룩하구나
그나마 서울 바닥은 말이라도 많으니
가짜도 가장 못된 가짜는 다 시골로 내려오네
시골 무지렁이야 아무리 가짜에 시달려도
가짜 모기약 뿜으나마나 해도 별말 없으니
한 회사 제품에도 서울 것 다르고 촌 것 다르다네
아니 한 잔 마시는 소주조차 그 모양이라네
전매청 담배인들 안 그렇겠나 무엇인들 안 그렇겠나
아 대한민국 원하는 것은 무엇이든 있는 나라

가짜는 무엇이든 철철 넘치는 나라
아 이 나라에서 천년만년 살고지고 암 살고지고

논두렁 거스르기

면에서 올여름 퇴비 충숙 열 톤을 할당했다
벨 풀도 없는데 병충해 방제에 눈코 뜰 새 없는데
저 멀리 십 리 야산에라도 건너가야 그 많은 풀 채우겠구나
아이고대고 낫 서너 개에 목숨 달렸구나 팔 달아나겠구나
재작년 생산비도 못 되는 보리 수매가
가마당 삼만 육천삼백육십 원이니
내년에는 노는 땅에 어느 놈이 보리 심겠나
풀이나 우거지게 내버려두어야지 넨장칠 것
그러고도 퇴비 충숙 미숙 어쩌고 거들먹거린다
촌놈은 삼복 한낮에도 꼼지락대야 한다
입에서는 단내도 바닥나서
풀무 불길만 들락날락
혼자 구시렁댈 매가리 없지만
낫질 하나는 원수 놈의 낫질 하나는
논두렁 풀 수북수북한 풀 잘도 깎아 낸다
벌써 다섯 벌 거스르기 아닌가
모낸 뒤 연한 첫 풀 베고 나서 네 벌인가
이 논 저 논 논두렁 이렇게 깎아 얌전해야
서로 숨 잘 통하여

논이 산다 벼가 살아난다
풀 냄새는 깎은 풀에서 진하구나
이런 풀 경운기로 서른다섯 짐 실어 가야
열 톤 퇴비 윗동아리 될까 말까 하니
어정칠월이라고 누가 신선이라더냐
한 달 내내 이렇게 풀 동무 되어
마당 구석 퇴비 썩어 가는 냄새에다
돼지우리 꿀꿀이 성님 냄새에다
게다가 늙은 에미 쭈구렁이 젖 내놓고
말 안 듣는 자식한테 덜렁덜렁 욕사발 퍼붓는구나
검둥아 뭣하러 논두렁까지 경운기 뒤 따라오느냐
어서 가서 아이들 똥이나 배불리 먹어라

새로운 물

종관이 딸내미 중학교 이 학년짜리가
컴퓨터 배워야 뒤처지지 않는다 해서
읍내 컴퓨터 학원에 다니는데 돈 대기 힘드는데
아 고년이 제 어미 심부름으로 논에 나와
아버지 논에서는 어버지가 하나도 안 부끄러워
아버지가 학교 오면 부끄러워
어머니가 헌 옷 입고 오면 부끄러워
종관이는 이 가시내야 어쩌고 버럭 화내려다가
어서 가거라 논에 있으면 더위 먹는다
딸내미 쫓아 보내고 나서 담배 한 대 물었다
종관이네 논 바로 옆 논에 나온 영감탕구
박익달 영감 한참 논에 새 물 걸러 댄다
뜨거운 논물에 너무 차면 안 되므로
지하수는 아무쪼록 도랑 흐르는 동안
땡볕에 실컷 데워서 넣어야지 잔잔하게 넣어 줘야지
그러나 저러나 이놈의 나락병들이 물에 실려 올까
걸러 대기 물 눈여겨 보다가 에라 네 멋에 겨워 봐라
이렇게 해가웃 내내 들에 갇혀 있었더니
그놈의 재수 옴 붙은 눈병에 걸려서
돌아오는 머리로 한 달 전 해산한 유섭이 마누라한테

젖동냥 좀 해다가 그것 두어 방울 눈에 적셨다
아따 내일 아침에는 번쩍 눈이 좋아지겠다

멸구 손자

한여름 황해 건너온 벼멸구 억척이기도 하지
손자 증손자 고손자까지
한 마리가 육백만 마리 고손자 놈들 퍼뜨린다니
허허 육백만 마리의 고조할아버지
네놈 자손복 한번 오지구나
그러니 이 외애밋들 몇억만 마리 멸구 집안 아니냐
게다가 목도열병 잎도열병이 먹어 가고
이화명충은 또 그놈들대로 장관이다
숫제 문고병에는 벼 밑둥이 왕창 썩어 버린다
사람도 요지가지 병 많은데 암투성이인데
사람이 먹는 벼라고 병 없겠나
들 가운데 불볕더위 무릅쓰고
병충해 농약 뿜느라고 논에 안개 가득하다
이렇게 해서 자란 가을 곡식 따져 보아야
올해도 쌀값 제값 받지 못하기로는 매한가지
네놈들아 풍년이다 풍년이다 실컷 떠들어 대거라
떠들다가 장관이나 한 번 갈고 중농 의지 어쩌고 짖어 대거라

뭉게구름

우리가 어디 열흘 나그네인가
농민 팔백만
천 년 고생 논밭에 잠시 부려 놓고
삼가 하늘 바라보며 쉬는 때여
땅 위의 일 아무리 엉망이어도
여름 하늘 뭉게구름이여
이제까지 소리친 아우성보다
뒤에 올 자손들이여 거짓 없음이여

깨 밭

콩밭 골고지는 조심스럽다
이미 다 자란 줄기 다칠세라
호미 따위 쓸 수 없다
조심조심 손으로 바닥 매어야 한다
그런가 하면 든든히 북주기 해야 한다
콩밭 한 마당에도 갖은 정성 들어가니
등때기 펴 뻣뻣한 허리 달래다 보면
여기저기 풍신나던 비닐하우스가
뙤약볕 아래서 다 걷혀 버렸다
콩밭 매고 땅콩 밭 풀도 뽑아야지
겨우 품 셋 얻어 밭이란 밭 다 매는 심뽀야
참깨 밭도 고구마 밭에서도
어서 오라고 일감이 불러 대고 있다
한 달 전 자가용 타고 나타난 서울 복부인 년
마늘 밭 양파 밭 감자 밭까지 다 밭떼기로
소출 실어다가 창고업자하고 짜고 처장이드니
이번에는 참깨 밭 흥정하러 까질러 왔구나
제기럴 콩이나 땅콩은 왜 안 노리다
그거야 미국 콩 엄청나게 실려 오니
감옥 무기수도 미국 콩 평생 먹다 죽을테니

국산 콩이야 땅콩이야 한몫 장사 되겠나
깨 밭 매자 깨 밭 매자 서울 년놈한테 참깨 밭 넘어간다

12

남새밭

칠월 백중 지난 뒤 파리란 파리 집 안으로 몰려든다
부뚜막이고 살강이고 방바닥이고 파리 떼로 덮이고
갓난아이 젖내에도 얼씨구나 하고 몰려든다
큰 바람 다녀가자 밖에서는 일복 터졌구나
가을일은 예로부터 미련한 놈이 잘 한다지
우선 급한 불이 남새밭 김장거리 아닌가
배추 씨는 씨 받아 둔 것이 있어서 넉넉하니
덕술이네 집에도 나누어 주고 천룡이네도 주었다
무씨는 읍내에 가서 최신 교배종 한 봉지 사다가
얌전하게 낸 잔 고랑에 성크름히 뿌리고 나니
그 옆의 파 씨 심어 맵겨 덮은 데하고 단짝이다
누가 보아도 김장 남새밭은 새색시로다 새 세상이로다
그놈의 늦더위 만 년 갈 듯 끄떡도 않더니만
이 나라에서는 절기 하나 옳아서 제 자리 탁 내주니
어느덧 한낮에도 툇마루 밑 귀뚜라미 운다
창식이 할머니네는 이른 남새 싹 나더니
벌써 그것 솎아다가 나물 무치려고 데쳐 낸다
아들딸 다 서울로 어디로 보내고 혼자 지내어도
굽은 허리에 팔 하나 없고 잘도 질러 다닌다
걸핏 하면 몸살이다 고뿔이다 눕기 일쑤인 옆집 여편네

하기사 그 몸살 반은 엄살이지 애그그그 하고 자지러지니
순한 영감조차 쳇 일 놔두고 또 구들장질이여

말순이

상마정 호선이 셋째 딸 말순이는 올해 육 학년짜리
제법 어른 꼴 박여 말 한 마디도 수월찮다
긴 방학 다 되어서 한 시간 길 학교 다니니
예쁘장한 새 옷 한 번 입고 물색 난다
허허 춘향이보다 못해도 향단이보다야 월등 낫구나
이번 여름 연수원 수영장 입구에 가서
참외 장수로 하루에 만 원 돈 거뜬히 벌었다
제 또래 아이들 뽐내며 신나며 수영하러 오는데
말순이는 수영장 한 번 들어가지 못하고도
하루 내내 참외 팔며 방학 숙제도 했다
처음에는 열 개나 주고 천 원 받아서 밑졌는데
차츰 일곱 개 여덟 개 주어도 장사가 잘 되었다
이렇게 해서 보름 가까이 번 돈 십만 원인데
이런 큰돈이 꿈엔들 어디 쉬운 노릇인가
아버지가 달랑 가져가려는 것을 엄마가 말려서
말순이 앞으로 몽땅 저금하고 옷 하나 사 입혔다
말순이는 육 학년이라 학교 갔다 오는 길 얌전하지만
이 학년짜리 삼 학년짜리 꼬마둥이 수길이 진섭이는
내내 장난질로 집에 갈 줄 모르고 버마재비 잡다가
해가 꽉 기울어서야 딸랑딸랑 솔밭 고개 넘는다

싸낙배기 엄마한테 되게 혼날 줄 알아야지
아이고 이놈으새끼 어디 가서 칵 뒈지지 않고

옥수수

영철이 반장네는 헤픈 식구 없이 찰진 살림이라
소문도 없이 젖소 다섯 마리나 되어 눈코 뜰 새 없다
그끄저께부터 나흘 동안 품 열셋 얻어서
한 마리당 삼백 평 옥수수 썸뻑썸뻑 베어 나갔다
수염 난 뒤 한 달 열흘 지나면 벨 때여서
품도 여자 오천 원 남정네 팔천 원이나 되니
일인당 하루 백 평 나가기가 쉽지 않아서
그것도 나흘이면 휘청하게 큰돈 나간다
밭도 오백 평은 제 땅이지만 천 평짜리하고
재 너머 천삼백 평짜리는 남의 땅 빈 것이다
올해 깨 농사 고추 농사는 망쪼 든 데 많으나
옥수수 농사는 천덕꾸러기로 잔뜩 풍년들어
한 그루에 큰 놈 대여섯 자루씩 달려서 여물었다
그러나 요새 사람들 누가 옥수수 따위 쪄 먹나
그냥 줄기 채 잎사귀 채 젖소 양식이 되고 만다
옥수수 죽 끓여 먹고 목숨 부지하던 시절 언제더냐
영철이 반장 비닐 0.5밀리짜리 사만 원 어치 사다가
한 길짜리 큰 구덩이 세 군데 파고 깔았다
거기에 옥수수 줄기 채 커터기로 댕강댕강 잘라
실컷 퍼담아 부으면 아낙네들이 밟아 다지는데

한참 정신없이 밟고 나면 눈에 헛것 보인다
그렇게 해서 바람 안 들어가야 잘도 떠서
달착지근하고 싱그러워 젖소 콧구멍깨나 벌름거리지
이렇게 덮은 뒤 사십 일 지나면 늦가을부터
겨울 내내 그리고 내년 봄까지 굶기지 않겠다
내년 봄 먹을 구덩이에는 소금 끼얹어 두고
한 구덩이 다 먹이면 새 구덩이 뚫어야 한다
세 구덩이면 봄까지 젖소 양식 흡족한데
그러나 저러나 이번에는 미국 소 병든 소 말고도
숫제 유제품까지 수입 자유화되고 만다니
우리나라 싱거운 유제품도 남아서 큰일인데
엎친 데 덮치고 또 덮쳐서 농사꾼 살 날 얼마인가

구월 논두렁

그토록 밉쌀머리스럽게 짙푸르기만 하던 들이
하루가 다르게 누릿누릿 익은 물 들고
아예 나락은 푹 고개 숙여 나락 뜨물이 굳었다
누가 가을 논 가득 찬 곡식보다 잘나고 못나랴
생건달들이 세상을 꽉 틀어쥐고 놓아주지 않고
농민이 논밭에 아리아리랑 사랑을 쏟을 수 없게 하건만
그래도 쪽모이 정성 질긴 수발 아니었던들
이렇게 벼멸구 이겨 내고 구름 같은 풍년 들으랴
그러나 이 풍년 곡식 어디다 내놓아도 괜찮을지
월남전 고엽제 성분 2.4—D로 제초제 되고
다이아치온으로 중국 멸구 다 잡았지만
게다가 벼잎벌레 약 파라티온은 아뿔사 맹독 약품 아닌가
겉으로는 산들바람에 넘실거리는 금물결이건만
과연 이 곡식이 농약 뒤집어쓴 저승 차사 아닌가
이렇게 땅과 곡식과 사람이 함께 망해 가는데도
논두렁 막풀 깎아서 경운기에 한 길 높이 쌓는다
따가운 볕 한나절에 웬만한 등때기 허물 벗겨지고
저 건너 논에서 할망구 새 보는 소리 으젓찮구나
젊은 것들 다 떠나가 버린 이 적적한 들이여
우여 우여 우여 새 보는 소리에 빈 양철 동이 요란한데

어디 여기뿐이랴 세 배미 다 다녀야 하니
나락 농사 지어 새한테 실컷 천신시키고 나서
나락 가리 서생원이 잡숫고 가마니로 새고 난 뒤에야
겨우 사람의 입에 한 순가락 햅쌀밥 되기까지
우여 우여 우여 할망구 새 보는 소리 아득하구나
못된 세상 하고 많은 고생 다 하며 살아오건만
새 보는 소리 하나는 요순 시절 이래 한결같다
꾀 많은 참새란 놈 허수아비 빈정댄 지 오래이고
반짝 테이프에도 겁내지 않고 내려앉지만
이 세상 할망구의 서러운 소리에는 떼 지어 날아간다

할아버지

박박 깎은 머리 두어 달 되어
거기만 쌉사레하게 하얗구나
헛기침 한 번 못한 얼굴
간 들대로 든 얼굴 찌든 얼굴
아들네 입던 헌 남방때기에다
타진 바지 꿰어 입고
비닐봉다리에 복숭아 몇 개
고속버스 타고
멍한 눈으로 내다보아야
넓은 땅에 내 것 하나 없다
얼마나 지났는지
서초동 아파트 떼 보아도
멍한 눈에는 그저 봉천4동 5통 2반
둘째 아들네 집 생각뿐이다
그 배포 큰 아들이
허벅다리 다쳐 누워 있는데
공사판 못 나가니
심화인들 오죽하겠나
심화 끊는 데는 잘 벌 때는
니나노가 제일인데
둘째 아들 달동네 꼭대기 생각뿐이다

농공 단지 어쩌구저쩌구

새마을 김샌 지 오래다
새마을 공장들 어찌 된 줄 알기나 하나
그나마 공장 건물은 거미 놈들이 맡았고
기계 부스러기는 그냥 녹슬어 버렸다
게다가 다시 아옹아옹
농촌에 무슨 선심이나 쓴다는 풍신
농공 단지 만들어 도농 격차 없앤다 하나
누구를 물속의 자가사리로 아나 눈쟁이로 아나
농산물 값 올리고
농기구 값 내리고
농가 부채 탕감하면
그까짓 농공 단지로 또 망치는 것보다
얼마나 좋은 수인가
외국 소 도입 막으면
얼마나 좋은 수인가
그저 백 년 하나 생각하지 않는 것들이
그저 제놈들 부릴 때만
뻥치고 누르고 눈뜨고 속여 대어
거죽만 뻔드르르 하면
다 되는 줄 아는 것들이

서울에는 득시글득시글대는데
농촌은 어쩌자고 벌레뿐인데
벌레 속에서 묻혀 사는 놈들뿐인데
벌레야 벌레야 긴 밤 울지나 말어라

칠월비 깎고 나서

함께 마마 앓았던 득환이하고 판길이하고
어제 칠월비 깎으러 가자 해서 좋아라 하고 갔다
열 살 때부터 가던 쌍봉 작은 봉우리
네더윗골 우거진 풀 베러 갔다
후미져서 대낮에도 도깨비 있던 곳
이제는 아무렇지 않게 풀 베러 갔다
풀은 쇨 대로 쇠고
사나울 대로 사나워졌다
그러나 실컷 간 낫에는
잘도 먹혀서
한나절에 벌써 등성이 하나가 훤하다
득환이나 판길이 너나들이
일 가운데 서로 군더더기 말도 없다
누가 보면 막대기 삶아 놓은 것 같지만
가지고 간 소주 한 모금씩
목젖 달랠 때에야
<u>흐흐흐흐흐</u> 하고
시시껄렁한 말 한마디에도
이 산 저 산 사이에 웃어 댄다
그러자니 지난해

아버님 산소 벌초하다가
무덤 뒤에서 뭐라고 중얼대는 소리 들려서
쭈뼛 돌아다본 일 떠올랐다
아무도 없었지만
그 소리는 꼭 아버님 소리였다
밤낮 혼자 지내다가
벌초 효자 오니 뭐라고 한마디였다
칠월비 깎는 것도 좋지만
이 나라에 태어나
할아버지 아버지 산초 벌초 재미 그만이다
칠월 백중 넘어서
산 풀도 깎을 것 다 깎고
벌초도 하고 나면
그렇지 추석 성묘 때까지는
무덤이나 이 세상 사람이나 다 함께 설레인다
이제 농사란 아산이 깨지나
평택이 무너지나 한번 해 보는 것뿐
그 옛날 못 먹고 못 입고 살던 아버님 때가
차라리 팔자 좋던 시절이었습니다
아버님 청산에 묻힌 아버님

나락 물결

석양 머리 가을 들 가득한 건
우리에게
자랑도 기쁨도 아니라
차라리 울음 아니냐
제대로 울지도 못할 울음 아니냐
여기에 사또만은 오지 말아라
밀짚모자 벗은 우리에게
올테면 다 내놓고 울며불며 오너라
하늘 아래 이것 하나 꼭 지켜야겠다
아 어린 자식 키워서 장가가는 날
그날 굴뚝 밑에 가서 실컷 울어야겠다

장날

오일장 이것 하나 대대로 이어지거라
다른 것일랑 없어져도
없애기 좋아하는 잡놈 잡년 내쫓고
오일장 하나 이어지거라

장날 경운기 타고 오토바이도 타고 와서
사람 밀어넣은 버스도 타고 와서
오일장 이것 하나 이어지거라
별의별 것 다 나왔구나 빠삭하구나
사람 사태 져 사람 맛 나는구나

그중에도 오래 못 만난
사돈네 팔촌 영감도 만나서
술 한 잔 순대 한 점
국말이 밥 한 사발
뱃고래 큰데
그것 한 사발로는 어림없지
남의 말 사흘이라고
누구 욕이야 하다 말고
서로 마음 통하여

한 잔 더 마시는구나
아침 키 컸다가 저녁 키 주는데
더러는 꺼칠한 술꾼
죽은 마누라 생각나 울부짖으며
파장 거리 떠돌다 벌렁 누워 버리는구나

오일장은 네 고향이구나 내 고향이구나

하늘

말하면 길지 길고말고
가을 장마는 미친년 볼기짝이지
욕 먹을 데도 없이
집중호우로 쏟아지기도 하고
뚝딱 시침 떼기도 하지
아무리 입담 없어도
말하자면 길고말고
이 나라 백성에게는 긴 이야기가 있지
모진 세월 살아온 이야기가 있지
별쭝맞은 날씨에다
들 곡식 밭 곡식
새로 심은 남새에 좋을 것 하나 없지
더구나 이번 비에
벼 쓰러져 말이 아닌데
여섯 포기 네 포기 한 다발로 묶어 줘야지
하늘은 여름 내내 기운 좋은 구름이더니
가을 장마에 그 구름 파발 산발
이윽고 구월 하순 들어서자
긴 이야기 이야기 넘어
비로소 마음잡아

물감 뚝뚝 떤는 푸른 하늘이고말고
푸른 하늘
푸른 하늘
그 아래 썩어 가는 두엄이지
그 아래 배앓이 족도리풀 달여 먹지
이런 속병 있는 며느리
푸른 하늘 같은 서방님 온다는 편지에
벌떡 일어나 머리 감지

■ 작품 해설 ■

일이 결코 기쁨인 나라
—— 고은의 『전원시편』을 읽고

최원식

  고은 선생이 『전원시편』을 완성하였다. 지난 해 11월부터 《신동아》에 연재를 시작하여 올 10월에 끝났으니 꼬박 1년, 총 120수에 이르는 거편(巨篇)이다.
  어느 시집 후기에서 "못 견디도록 시가 자꾸 쓰이는 그런 경우였다"라고 고백하고 있듯이 최근 그의 창조력을 보고 있노라면 절로 감탄을 금할 수 없다. 철저한 수정작업을 거친 『고은 시 전집』(민음사, 1983)을 내고, 신작시집 『조국의 별』(창작과비평사, 1984)을 간행하고, 계간 《실천문학》 1985년 봄호부터 서사시 「백두산」을 연재하고, 거기다 『전원시편』까지 완성했던 것이다. 이건 폭발이다! 그런데 그것이 단순한 양적인 차원에 머물지 않고 있다는 점이야말로 소중하다. 1980년대 초의 정치적 격변 속에서 영어(囹圄)생활을 겪고 출옥한 후 그의 시는 더

넓고 더 깊게 그러면서도 더욱 예리한 맛을 뿜어내는데 이는 그의 문학이 최고의 시인이라면 마땅히 추구해야 할 어떤 경지에 이르렀음을 나타내는 증좌이다.

가령 『조국의 별』에 실려 있는 「黃土」를 보자.

  우리는 유사 이래
  하늘보다
  황토 위에서 참되었읍니다
  그런데도 우리는 역사를
  이와 반대로 써 왔읍니다
  민중이란 섬기는 사람이 아니라
  날마다 일하는 사람입니다
  정든 쇠스랑 박고 바라보면
  재 너머로 넘어가는
  끝없는 황토길이 우리 절경입니다
  저만치서
  말없이 살고 있는
  아버지 황토무덤이 우리 절경입니다
  우리가 먹을 황토 있는 한
  상여 떠나
  우리가 송두리째 묻힐 황토 있는 한
  한 삽으로 가득 뜬 황토 들어올려서
  아메리카여 시베리아여

우리는 여기에 진리 있읍니다
　　　　　　　　　　——「黃土」전문

　이런 시는 아무나 쓰는 것이 아니다. 말이 깨달음의 방편이라는 점을 몰각하고 그저 말에만 안타깝게 매달리는 시인이나, 조바심 때문에 말을 마구 낭비함으로써 거꾸로 말에 사로잡히는 시인은 결코 쓸 수 없다. 말을 존중하면서도 말을 서슴없이 버릴 줄 아는 시인만이 이처럼 영롱한 시를 생산할 터인데 이것이 또 한 차례의 자기 갱신 속에서 이루어졌다는 점을 주목해야 한다. 1970년대의 민주화 운동의 고조 속에서 그가 생산한 시들은 선열하기 짝이 없거니와, 1970년대 고은 시의 한 정점으로 기록될 「화살」을 「황토」와 비교하면서 읽어 보자.

　　우리 모두 화살이 되어
　　온몸으로 가자
　　허공 뚫고
　　온몸으로 가자
　　가서는 돌아오지 말자
　　박혀서
　　박힌 아픔과 함께 썩어서 돌아오지 말자
　　(중략)
　　허공이 소리친다
　　허공 뚫고

온몸으로 가자
저 캄캄한 대낮 과녁이 달려온다
이윽고 과녁이 피 뿜으며 쓰러질 때
단 한 번
우리 모두 화살로 피를 흘리자

돌아오지 말자
돌아오지 말자

오 화살 정의의 병사여 영령이여

―「화살」

캄캄한 대낮의 허공을 뚫고 온몸으로 날아가는 화살의 이미지는 성성(醒醒)하다. 그러나 이 화살의 이미지는 너무나 눈부셔서 어딘지 외롭다. 그런데 허공을 가르는 화살의 이미지가 최근 끝없는 황톳길로 바뀌고 있는데 그 황톳길도 정든 쇠스랑 박고 바라본 것임에랴. 이러한 변모는 그의 시정신이 보다 구체적인 대중의 생활 속으로 뿌리를 뻗고 있음을 뜻한 터인즉 여기에는 그 자신이 치열하게 몸담았던 1970년대 민주화 운동에 대한 뼈저린 반성이 함축되어 있다고 믿는다. 1970년대 민주화 운동의 좌절은 내부적으로 보면 그 열렬한 민중 지향에도 불구하고 대중적 기반이 희박했다는 데 있음을 생각할 때 운동의 대중화는 가장 절실한 과제로 떠오른다. 민주주의와 민족 통일의 성취는 대중이라는 망망한 대해를 얻을 때 가능할진대, 어찌 물고기가 수레바퀴 자국에 고인 물속에서 살 수 있을 것인가?

「화살」이 집심(執心)의 시라면 「황토」는 방심(放心)의 시다. 방심이야말로 가장 단호한 결단인데 이것은 불교문자를 빌면 출세간(出世間)의 경지다. 이 점에서 『조국의 별』 발문에서 문익환 시인이 "이 시집은 그의 시심(詩心)이 썰물로 밀려 나가고 있음을 보여준다. 관념화되었던 조국에서 그 실체인 민중을 찾아 내려가고 있다는 말이다"라고 지적한 것은 최근 고은 시의 지향을 간명하게 요약한 것이다.

고은 시의 이와 같은 변모는 우리 역사의 성숙인 한편 시인 개인적으로는 바람 같은 독신의 서울 생활을 청산하고 안성으로 낙향하여 새로운 둥지를 튼 것과도 일정한 연관을 가질 터인데, 거침없이 독설을 내뱉는가 하면 기막히게 아름답고 삶과 역사를 통찰하는 직관적 경구가 예리한가 하면 고통받는 사람들에 대한 진정으로 따듯한 시선으로 촉촉하여, 그는 최근 큰 시인의 풍모를 유감없이 보여 주고 있다.

이와 같은 대중화 작업의 일환으로 『전원시편』은 탄생했으니 안성으로 낙향한 후 그곳 농민들과의 속 깊은 친교 속에서 이루어진 농촌 체험이 이 시편을 관류하고 있는 것이다.

우리는 여기서 잠깐 전원시란 장르를 생각해 보자.

전원시 하면 우린 서구의 파스토랄(pastoral)이 떠오른다. 서구의 전원시는 이상화된 자연을 배경으로 시인이 목동으로 가장하여 그들의 사랑과 실연의 슬픔 등 전원생활의 단순한 아름다움을 노래하는 것이라 한다. 그런데 그 창시자 테오크리토스(Theocritos, B.C.310~B.C.250)는 헬레니즘 시대의 현학적인 궁정시인이라는 점을 유의해야 한다. 서구의 전원시는 테오크리토스가 호사한 도시 알렉산드리아의 궁정에 머물면서 유년의 고향 시실리의 아름다운 시골 풍경과 양치기들의 생활을 회상하면서 태어난 것이다. 물론 전원시의 발생은 도시와 농촌의 잠재적인 갈등과 문명에 대한 반발적 감정을 전제하고 있기는 하지만 그것은 도시 사람의 농촌에 대한 향수에 근본을 둔, 차고 인위적인 양식에 지나지 않는다. 이것은 테오크리토스를 모방하여 서구 전원시의 전형을 확립한 로마의 시인 베르길리우스(Vergilius, B.C.70~B.C.19)에 와서 더욱 분명해진다. 전원적 이상향으로서 아르카디아의 세계를 창조하고 그 속에서 황금시대의 평화를 꿈꾼 그의 문학은 기실 1세기에 걸친 피비린내 나는 내전을 종식시키고 권력을 장악한 아우구스투스 황제의 반동적인 유화정책과 완벽하게 일치한다는 것이니, 전원시에 그려진 목동들의 생활은 조작된 가면무도회에 다름아니다. 이렇게 보면 고은의 『전원시편』은 서구의 파스토랄과 거의 완전하게 인연이 없는 것이다.

눈을 동아시아로 돌리면 우리는 대뜸 전원시의 초조 도연명(初祖 陶淵明, 365~427)을 연상하게 된다. 강력한 한제국이 쇠미해지자 농민 봉기는 빈발하고 그 틈에 군벌들이 각지에서 난립하여 끝없는 투쟁이 접종(接踵)하고 북방 유목 민족들이 북중국을 유린하는 천하대란의 시대 앞에서, 경륜을 펼치는 것이 아니라 그저 생계 수단에 불과한 벼슬살이의 고통과 지식인의 무력감에 시달리던 도연명은 서른네 살의 나이에 문득 낙향하여 몸소 농사를 지으며 농민들과 어울려 살면서 무정부주의적 대동세계(大同世界)의 유토피아를 꿈꾸는 일류의 전원시를 생산하였던 것이다.

동아시아의 전원시에는 어용적인 서구의 파스토랄과 달리 강한 부정의 정신이 깔려 있으니, 도연명이 독재자 진시황을 격살하려다 실패한 최고의 테러리스트 형가(荊軻)를 노래한 것은 결코 우연이 아니다.

> 아깝다, 칼솜씨의 성금이여
> 기이한 공을 마침내 이루지 못하였구나
> 그 사람 비록 벌써 가 버렸어도
> 천년을 두고 남은 정이여!
>
> 惜哉劍術疎 奇功遂不成
> 其人雖已沒 千載有餘情
>
> ──「영형가(詠荊軻)」

이 때문에 도연명의 전원시는 죽림칠현류의 고답적 고사(高士) 취미와도 구별되며 사영운류의 염세적 산수시와도 구별되는 것이니, 내용 없는 수사로 번쇄했던 궁정문학과 그 반대쪽에서 고답적 사변으로 빠져든 청담 문학을 모두 타기해 버리고 시를 농민 체험에 바탕한 자연평담(自然平淡)의 세계로 바로 인도한 도연명의 문학은 일종의 문학 혁명에 값할 터이다.

이런 점에서 고은의 전원시는 도연명과 기맥을 상통하고 있다. 그러나 또 다르다. 물론 고은은 도연명처럼 몸소 농사를 짓는 것은 아니나, 농민과 농촌을 바라보는 시선이 판이하다. 도연명의 전원이 자신의 고매한 의경(意境)을 드러내기 위한 하나의 주관적 정취라면 고은에게 있어서 농민 사회는 민중 시대의 도래를 위한 순결한 에네르기의 원천으로서 본격적 탐구의 대상이기 때문이다. 그는 이 시편에서 농민인 척하는 것이 아니라 혼신의 힘을 다해 농민이 되고 있으니,『전원시편』을 열두 달 동안 연재한 것도 농경 생활의 주기를 충실히 따름으로써 오늘날 우리 농촌의 실상을 하나의 엄정한 현실로서 파악하려는 데 본 뜻이 있을 것이다.

그러니까 이『전원시편』은 신농가월령가(新農家月令歌)가 되는 셈이다. 실제로 그는 다산의 아드님 운포처사 정학유(耘逋處士 丁學游)가 19세기 중반에 지은「농가월령가」를 염두에 두었던 듯싶다. 가령「초겨울」의

> 상수리나무 말고는
> 그 밖의 잎새들은 거의 진다
> 한천 개울 살얼음판 쓸쓸할 만하고
> 고니 소리 괜히 높이 들린다

같은 귀절은 「농가월령가」의 시월령(十月令) 중에서

> 나뭇잎 떨어지고
> 고니 소리 높이 난다

를 연상시키고 있다. 물론 「농가월령가」는 그 종결 부분에 나오는 "천만 가지 생각 말고／ 농업을 전심하소"에서 분명히 드러나듯이 봉건 체제의 지주로 되는 농민 사회의 동요를 묶어 두려는 사대부적 의도가 뚜렷하지만, 한편 십일월령(十一月令) 중

> 몇 섬은 환자(換子)하고
> 몇 섬은 왕세(王稅)하고
> 언마는 제반미(祭飯米)요
> 언마는 씨앗이며
> 도지도 되어내고
> 품값도 갚으리라
> 시계(市契)돈 장리(長利)벼를
> 낱낱이 수쇄하니

> 엄부렁하던 것이
> 남저지 바이 없다

처럼 1년간의 땀들인 노동이 수포로 돌아가는 농민의 참상을 일정하게 반영하고 무엇보다 농경 생활을 본격적으로 노래한 드문 작품이라는 점에서 중요한 유산이 아닐 수 없다. 「농가월령가」에서 사대부적 낙인을 떼어 내고 나면, 이 『전원시편』은 1세기 만에 다시 나온 농경 생활의 시적 보고가 되는 셈이니 이것만으로도 의의가 깊다.

그러나, 네 계절에 걸친 농정 생활의 전개를 기본 축으로 하고 있지만 이 『전원시편』은 정연한 월령체 노래가 아니라 독립된 노래들의 모음이다. 일종의 연작시다.

가을 노래에서 시작하여 겨울·봄·여름을 거쳐 다시 가을 노래로 마감하는 『전원시편』에서 시인은 겸허하게 몸을 숨기고 있다. 그러니까 이 시집에서 화자는 농민이다. 시인은 농민이 되어 그들의 눈으로 농촌생활을 조감하고 있는 것이다. 가령 「빈 논」의 앞부분을 보자.

> 느지막한 재래종 벼까지 다 베고 나니
> 벼 갈무리에 곰팡이 슬지 않도록
> 온도 습도가 사람 몇 몫을 한다
> 아무렴 일과 일 사이 길이 나서
> 어드메 훨훨 다녀올 사람이냐

좀 볼일 보고 올 사람 그 길로 나선다
한결 세상이 훤하구나 훤하구나
나야 아직 갈 데 없이 추운 들에 나가면
벌써 내 마음 배불러 한나절 밥 생각도 없다
어디에 이토록 깊이깊이 정든 곳 있으랴
말없이 실컷 기쁘기도 한 날이여
여섯 달 일곱 달 내내 일한 땅이라
벼 베고 난 텅 빈 논일지라도 시장기 없는 논이구나
저 언덕 장구배미까지도 그윽하게 쉬어 보아라
사람도 수고했거니와 땅의 수고 앞서지 못한다

—「빈 논」

 시인은 천연한 농부가 되어 노동을 매개로 이루어지는 자연과 인간의 교섭을 지혜롭게 노래하고 있다. 그런데 가만히 살피면 농민의 관점 뒤에 시인의 관점이 보인다. 이 이중 관점이야말로 이 시집의 묘미를 이루고 있으니, 때로는 농민의 관점이 승하고 때로는 시인의 관점이 승하며 두 관점이 충돌하면서 빚어내는 시인과 농민의 뜻깊은 합작이 진실하다.

 이 시집에 나타나는 농민은 "닷 마지기 논 한 배미에/ 밭뙈기 둘"(「아버지」)에서 나타나듯이 대체로 자작농이다. 그러면서도 어느 농민의 관점에 고정된 것이 아니라 자유롭게 관점을 이동하고 있는데 때로는 서로 대립되는 관점을 병치함으로써 놀라운 효과를 거두기도 한다. 가령

「추석 이후」에서 우리는 명절이 되어도 고향에 내려오지 않는 서울에서 공장 다닌다는 딸을 기다리는 농부의 간절한 마음을 만나게 되는데, 그 뒤에 나오는 「편지」에서는 돌연 서울에 있는 그 딸의 술 취한 하소연에 부딪친다.

> 우리 오빠
> 월남전 상이군인 오빠
>
> 나 취했어
> 오늘은 거짓말이 싫어
> 죽도록 싫어
>
> 나 제과 공장도 회사도 다닌 적 없어
> (중략)
> 우리 오빠
> 우리 오빠
> 다리병신 오빠
>
> 나 취해 버렸어
> 취해야만
> 나에게 고향이 있어
>
> 갈보에게도 갈보에게도 고향이 있어
> ——「편지」

다른 시 「목간」에서도 "아 다리병신은 자네가 되고/ 그 시절 월남 경기 왕 서방 것이었지"라고 노래했듯이, 농민의 아들은 월남전에서 상이군인이 되고 농민의 딸은 서울에서 갈보가 되어 상처받은 사람들 사이에서 이루어지는 고통스러운 위무를 노래한 이 시에서 우리는 쓸데없는 군소리 없이 이루어진 관점의 병치가 어떻게 충격적인가를 곧 알 수 있다.

이처럼 적절히 관점을 변화시키면서 시인은, 농민의 희생 위에 강행된 급격한 산업화 정책에 의해 파괴된 농촌——시인의 말을 빌면 "사람은 없고 군하고 면만 (중략) 농협만 있"(「쥐불」)는 우리 농촌의 실상을 절실하게 형상화하고 있다.

그럼에도 이 시집에는 몇 가지 아쉬운 점이 있다.

우선 뒤로 갈수록 단조로운 느낌이 드는 것이다. 이는 아마도 소농 일변도로 짜여져 있기 때문이다. 대농을 다룬 「전보」 같은 작품이 딱 한 편 있지만 이제는 농사를 작파한 쓸쓸한 노인으로 나타날 뿐이며, 「건달」 같은 시에는 "논 한 배미 없는" 재필 씨가 등장하지만 그냥 딱한 사람으로만 그려져 있다. 이것은 농촌을 하나의 사회적 관계로서 총체적으로 파악한 것이 아니다. 물론 소농이 오늘날 농촌 사회의 중추겠지만 지주·소작농 등과 관련지어질 때 그 존재가 보다 확연해질 것이기 때문이다.

이러한 추상성은 이 시편들이 안성의 농촌을 무대로 하

고 있으면서도 이 고장의 지역성이 두드러지지 않는 점에도 나타난다. 물론 이것은 오늘날 강력한 중앙집권 아래 일종의 획일화가 지역적 독자성을 파괴한 결과의 반영이기도 할 것이다. 그러나 민족운동의 대중화를 위해 선결해야 할 과제의 하나가 지역 기반의 재건임을 생각할 때 향토사의 체득은 필수적인 전제이다. 우리가 딛고 사는 땅은 그냥 땅이 아니라 고조선 이래 민중의 숨결이 배인 땅일진대, 지역사의 정수에 올바로 접근할 때 우리는 비로소 자기가 딛고 사는 땅과의 근본적인 소외 상태에서 해방될 것이다. (사족이지만 한자 지명은 한자로 써 주든가 아니면 순 우리말 지명을 찾아 주든지 했으면 좋겠다.) 지역성이 올바로 존중될 때 이 시편의 보편성은 더욱 생생하게 살아날 것이기 때문이다.

 그리고 농민운동과의 관련이 약하다. 물론 「냇둑」「이만 오천 원」「이백 명」 등에 약간씩 나타나지만 그것은 풍문으로서 떠도는 것이다. 이 때문에 이 시집에서 농민들의 비판적 목소리가 곳곳에서 번득이지만 결국 불평불만으로 그치고 마는데, 이런 포인트가 없기 때문에 전체적으로는 파노라마처럼 밋밋한 바가 없지 않다.

 이 시집은 서정시의 보물 창고다. 죽어 가는 대지에 대한 고결한 격정으로 우리들의 가슴을 치는 「첫눈」, 얼어붙은 겨울의 한복판에서 부활의 봄을 노래한 「입춘」, 궁한 겨울, 밥을 나누어 먹는 개와 까치의 모습에서 불현듯

평등의 고귀함을 설파하는 「밥」, 그리고 무엇보다도 「서리」. 「서리」를 함께 읽어 보자.

> 서릿발에 국화 뚜렷이 피어나고
> 서릿발에 처녀 빛난다
> 무우 파묻고 나서
> 신랑 될 사람 집으로 가서
> 그 집 김장 양념 잘도 넣어 준다
> 내년이면
> 서리 녹은 한낮의 따뜻함이여
> 이내 몸이야 아낙이다
> 아낙이 되어
> 외양깐 쇠오줌 쇠똥 냄새에 정들고
> 마른 고구마 줄기 듬뿍듬뿍 썰어 주어야 한다
> 그런 일에도 뱃속에 아이 든다
> 참새 한 떼
> 어느 놈 하나 빠지지 않고 시끌짝하다
> ——「서리」 전문

기막힌 서정시다. 서릿발에 빛나는 시골 처자는 누구인가? 그녀는 농민이며 조국이며 부처다. 그리고 무엇보다도 그 모든 굴욕을 뚫고 황홀하게 부활할 어머니 대지인 것이다.

이 시집을 읽는 데 또 하나 빼놓을 수 없는 맛은 곳곳에 보석처럼 박힌 경구들이다.

   그러나 농사꾼은 함부로 슬퍼하지 않는다
   슬픔이란 가벼운 것이 아니라 물속 깊이 무거운 것이다
                                ―「아버지」

   이 세상이 천 년이나 사는 곳이 아니라
   우리들 하나하나 떠나야 할 세상이었다
                                  ―「나들이 길」

   아버지와 아들은 현실이지만
   할아버지와 손자 사이는 전설이구나
                                 ―「어린 손자와 함께」

   일 많은 이 세상에서
   또 하나
   이 세상 머금고 있음이 씨앗이지요
                               ―「볍씨를 갈무리하며」

   가을 김장 배추만큼
   쌩쌩한 초록 본 일 없다
   첫서리 맞고
   도리어 풀 먹인 듯 힘차구나
                               ―「논 배추 둘러보며」

아 사람이 무엇한테 자꾸 지고 있구나
—「고샅길」

이 나라 봄 무릇 차별 없이 자욱하여라
—「뒤엄」

이제 농투성이 순박하지 말아라
—「한식」

모심은 뒤의 논이여 이제 막 태어난 나라여
—「어린 논」

머릿수건 벗고
꺼므꺼므한 산 저문 산 바라보니
이 세상이 함께 견디었구나
—「저녁 바람」

이 논 저 논 논두렁 이렇게 깎아 얌전해야
서로 숨 잘 통하여
논이 산다 벼가 살아난다
—「논두렁 거스르기」

보아라 마른 논에 물 들어왔구나 굽이굽이 살아 돌아왔구나

(중략) 오오 내 자식 밀물이구나

—「삽」

 이 경구들은 시인이 얼마나 깊숙이 농민적 정서의 핵심에 자리 잡고 있는가를 잘 보여 준다. 특히 긴 겨울이 지나고 마른 논에 밀려 들어오는 물을 바라보며 "오오 내 자식 밀물이구나" 하는 구절에 부딪쳐 나는 어느 농민의 말을 기억하고 깜짝 놀랐다. 그 농민이 가로대, "자식 입으로 음식 들어가는 것하고 논에 물 들어가는 것이 제일 좋다." 어쩌면 이렇게 일치할 수 있을까. 시인의 원력이 크고 곧기 때문일 것이다.

 나는 이 날카롭지만 따듯한 경구들을 다시 읽으면서 문득 고은 선생이 일찍이 일초선사(一超禪師)였음을 깨닫게 된다. 그러고 보면 이 경구들은 마치 선승의 어록이다. 일초에게 있어 부처는 누구인가? 그것은 일하는 농민이다. 선농일여(禪農一如). 그리하여 이 시집을 온몸으로 받치고 있는 빛나는 게송(偈頌)이 있으니,

   일이 결코 기쁨인 나라
   비로소 그 나라가 언젠가 우리나라 아닌가
—「알타리무 밭에서」

   (필자 : 문학평론가 · 인하대 교수)

고은

1933년 전북 군산에서 태어났다.
1958년 《현대문학》으로 등단했으며,
첫 시집 『피안감성』 후 『고은 시 선집』, 『백두산』,
자작시 『만인보』 23권 등 시, 소설, 수필, 평론에 걸쳐 130여 권의 저서를 간행했다.
영어, 독어, 불어, 일어 등 17개 국어로 번역된 저서도 십수 권에 이른다.
한국문학작가상, 만해문학상, 중앙문화대상, 대산문학상, 만해대상 등
국내 문학상 10여 개를 비롯하여 스웨덴 시카다 상, 노르웨이 비외르손 훈장을 받았다.
1974년 자유실천문인협의회 대표로 《실천문학》을 창간했고,
국민운동본부 상임공동대표를 역임하는 등 민주화 운동에도 앞장섰다.
1988년 한국민족예술인총연합 초대 의장, 1990년 민족문화작가회 의장을 지냈다.

전원시편

1판 1쇄 펴냄 · 1986년 2월 28일
2판 1쇄 펴냄 · 2007년 4월 20일
2판 2쇄 펴냄 · 2012년 10월 19일

지은이 · 고 은
발행인 · 박근섭, 박상준
편집인 · 장은수
펴낸곳 · ㈜민음사

출판 등록 1966. 5. 19. 제16-490호
서울시 강남구 신사동 506번지 강남출판문화센터 5층 (우)135-887
대표전화 515-2000 / 팩시밀리 515-2007
www.minumsa.com

ⓒ 고은, 1986, 2007. Printed in Seoul, Korea
ISBN 978-89-374-0508-2 03810